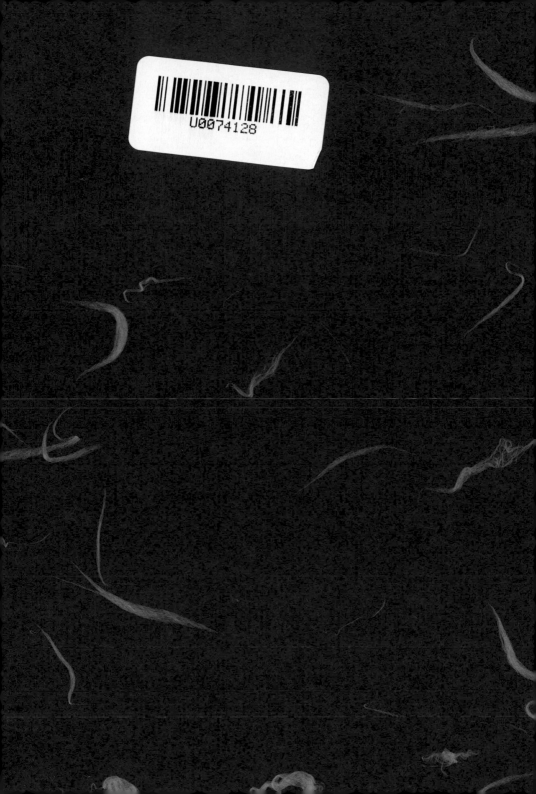

大愚元勝

黃薇嬪——譯

苦しみの手放し方

安頓身心，讓人生更喜悅的50個禪智慧

你可以活得不辛苦

前言

釋迦牟尼所教導、「放下痛苦的方法」

既然你拿起了這本書，是否表示此刻的你，內心也懷抱某些痛苦呢？或許不是你，而是你所珍視的人心中有「苦」。倘若如此，請翻開這本書，看看是否有引起你注意的地方。

本書的內容是關於**釋迦牟尼說過的「放下痛苦的方法」**，是為了在人際關係、工作、金錢、健康、家庭等方面有所煩惱的人而寫的。

我們感受到的痛苦，是內在創造出來的東西

釋迦牟尼曾觀察自己的痛苦，並找到痛苦的原因，以及放下的方法。

在歷經曲折後，他放下了自己的苦惱。不過，他並非向上蒼祈禱，也不是以縱情享樂暫時忘卻痛苦，更不是經由刻苦修行帶來的肉體疼痛，藉此逃避。釋迦牟尼的做法是透過打坐，探詢「痛苦」的根源，並徹底觀察痛苦的發生與過程。結果，他因此明白——**我們所感受到的痛苦，原來竟不是來自於外在，而是源自於我們的內在。痛苦，是由我們自己所創造出來的。**

我們總是傾向把造成自身痛苦的原因，歸咎於外部環境或他人，期待自己以外的能有所改變。也總是活在強烈的欲望驅使下，希冀別人、甚至是宇宙真理，也都能跟自己想的一模一樣。

不過，事實上，**所謂的痛苦，就是從「現實」與「個人自以為是的想法」之間的落差而來。**

佛教將好惡、不安、不滿、憤怒、欲望、嫉妒、吃醋、固執、虛榮等情感，通稱為「苦」。苦絕非來自外在，而是自己內在所創造的東西。當你能理解這個真相，才會發現緊抓著痛苦不放的，其實正是自己。接下來要做的，就只是放手。

但是，要鬆手卻非常困難。

我不知道自己想做什麼，但確定自己不想當和尚

現在說著這些話的我，也曾經為了強烈的欲望和自以為是，痛苦迷惘。

我從小就是位於日本愛知縣小牧市、擁有五百四十年歷史的禪寺「福嚴寺」的佛弟子。第一次拿佛經是三歲，第一次參加葬禮是五歲。我在師父的嚴厲管教與難以忍受的傳統規矩中長大，對這一切都很反感，因此上了高中之後，始終煩惱著未來的出路。

我想不到自己將來要做什麼，只知道無論如何，都不想出家當和尚。我告訴自己：「不想出家當和尚，就必須自立自強。」於是，我離開日本去了國外，也曾創業，成立過好幾家公司。

在事業上，我曾經因為積欠將近一億日圓的債務，每天煩惱到睡不著覺，不知該如何是好。

在人際關係上，也經歷過想疏遠的人不肯離開、不想分離的人反而離開了我的苦澀。

有段時期，不僅看不到自己的未來，也不知道該向誰請教才好，只好在不同國

家之間流浪，尋找幸福的青鳥。

被救護車緊急送進醫院的情況不止一兩次，心中也不時有「我受夠了」、「好想結束」、「乾脆一了百了」的念頭。

然而神奇的是，每當這種時候，我總是會不自覺地走向佛寺的正殿，獨自待在裡頭，放聲大哭。一定是因為小時候師父說過的那些話語，深深烙印在我的腦海中吧。

佛祖會安靜聽你說話，幾個小時都無妨

我的師父曾建議我，感到迷惘時，就安靜跪坐在佛祖面前。

「有時候，你不想聽父母的話，也聽不進老師的話。**當你覺得自己就要撐不下去時，別多想，到佛祖面前跪著就是。只是跪著，什麼都不說也沒關係。如果有話想說，佛祖也不會介意安靜聽你說上幾個小時。**」

於是，我不顧自己對出生於寺院的怨恨，不顧自己不當和尚的決心，在痛苦到無處宣洩時，已經不自覺在佛祖跟前大哭。

現在回想起來，當我深陷痛苦深淵時，假如沒有「佛祖面前」這個去處，或許早已無法像現在這樣能活著寫下這本書了。

遇到問題、感到苦惱時，能夠參考的就是「佛經」

此外，**當我遇到問題而感到滿心苦惱時，還有一套參考書，可以幫助我擺脫糾結，那就是「佛經」**。

釋迦牟尼三十五歲才悟道，直到八十歲辭世為止的四十五年之間，他走遍各地，對每個遇到的人所面臨的痛苦提供解答。這就是佛教的起源。釋迦牟尼的教誨，超越兩千六百年的時間、超越民族、超越國境、超越性別，直到今天仍然受到世界各地民眾的景仰。正是因為在這當中，存在著救贖的真理。

所謂的真理，是指即使時空改變，也不會隨之變動的定律和智慧。而記錄這些真理的，正是佛經。

注意到這點之後，**除了吟誦佛經，我也開始從佛經中找尋靈感，以面對在現實社會中遇到的問題。**

而這麼一做之後，我發現：「**佛經中記載的內容，對於人生所有的煩惱，從怎麼洗臉、冥想、如何專注、家庭和樂、教養子女、健康到資產累積的方式等，都提供了具體的提示。**」

透過閱讀經書，吸收其中的智慧，就能使之成為自己的養分再付諸實踐。成為面對人生各種疑難雜症時，思考判斷的標準，從而解決自工作到人際關係的各種問題。

於是，我的精神狀態不可思議地穩定了下來，也不再受到日常生活的瑣碎小事所影響。

與此同時，我和家人以及身邊其他人的關係也有了轉變。那些成天憤世嫉俗、口中盡是抱怨的人離我遠去，愈來愈多正直坦率、像家人般值得信賴的夥伴進入我的生活。

在事業方面亦然。員工開始把工作當成是自己的事，主動擔負任務、制定規則、提出目標，並靠著自己的創意，跨越來到眼前的高低起伏，進一步提高營業額。現在，我已把自己創立或經營的公司轉讓出去，專心在住持工作上。

就在我個人發生了轉變後，許多人開始陸續上門，找我諮詢。大家的煩惱，包括：戀愛、健康、不明白活著的意義、找不到未來夢想、工作和教養子女等，我總會利用工作的空檔，傾聽並且一一回覆。

開始經營 YouTube 頻道後發現的四件事

偉大的智者釋迦牟尼，發現了「放下痛苦的方法」，並流傳給後世，卻有許多人不清楚佛教有這樣的教義，反而獨自苦苦掙扎，深陷於內心糾葛之中。

佛寺是什麼？和尚扮演什麼樣的角色？佛教中提到哪些放下痛苦的方法？——我是否該更積極地把這些傳遞給社會大眾知道？

有了這樣的想法後，**我開始嘗試使用 YouTube 影音平台，推出「大愚和尚的一問一答」這個節目**。

我與弟子兩人默默開始頻道的經營，沒有宣傳也沒有告訴家人。五年後的現在，竟已經有超過四十萬人訂閱，瀏覽量也以每個月五千人的速度持續增加。

在節目中，我以佛教教誨和個人經驗為基礎，針對觀眾提出的人生問題，提供類似處方箋的建議。而自從開始上傳影片後，我才注意到以下四件事。

第一件事是：「多數人都希望遠離謊言和偽裝，袒露真實的自己。」網路諮詢有個好處，那就是因為無法當面說話，有時反而更能吐露出內心深處的真實想法。

假如這位菩提寺[1]的住持知道你的長相和地址，應該很難向他透露自己不為人知或不願回顧的過去、此刻真實的傷痛、家人的隱私等赤裸的內容吧。因為這點考量，找我諮詢登記的人可以使用暱稱，也不用寫下地址等個人資訊，不過，大多數的諮詢者在寄來諮詢內容時，都還是寫下了真實姓名和聯絡方式。當中不乏知名企業的高層主管、社長祕書、政治人物、醫生和藝人。

儘管網路諮詢的隱密性高，他們仍願意透露自己的真實身分。我很感激他們對

1 指家族歷代皈依、代爲辦理法事且爲家族墓地所在的寺院。

我的信賴，也體認到，原來每個人都希望在某處展現真實的自己，也渴望能找到能這麼做這樣的地方。

第二件事是：「透過具體說出並檢視痛苦，人多少能放下一些痛苦。」

我會請諮詢者在信件中，盡可能仔細地描述自己的痛苦。其中也有人詳盡描述自己至今的人生，內容堪比一本書的份量。

然而，在收到那封諮詢信後沒過幾天，我收到了另一封來信。對方寫道：「我前幾天寄了諮詢內容過去，但發現自己把一切全寫下來之後，整個人煥然一新，彷彿已經替那些事情畫下了句點。實在抱歉，不過我已經沒事了，請您優先諮詢其他更苦惱的人吧。」

當問題擺著不去整理，那些隱約留在心裡的事，就會發酵為煩惱。

人類必須透過文字思考。透過文字煩惱，透過文字迷惘，透過文字感受心靈上的折磨。

為了寄出諮詢信，就必須先整理自己的內心，把煩惱寫下來。而透過這樣的過程吐出痛苦，再從客觀的角度檢視，就能夠發現自己痛苦的原因。

第三件事是：「痛苦不分男女老幼，也不分國籍。」

根據YouTube後臺的觀眾數據分析，以及我們收到的諮詢信、道謝信，「一問一答」的觀眾與諮詢者，年齡最小是十一歲，最大超過八十歲。而且，除了日本，國外也有不少人，希望佛教能夠拯救他們脫離人生的煩惱。

也有愈來愈多人利用YouTube的CC協作字幕功能，免費替我的影片加上外文字幕，等我注意到時，已經有不少影片加上英文、中文、韓文、德文、法文等字幕。二〇一九年七月，我甚至受到北美觀眾的邀請，在洛杉磯舉行了法會。

第四件事是：「痛苦具有共通模式。」

目前，「一問一答」的待答件數，已超過一千三百件。按照每週一到兩次的影片更新速度來看，怎麼也回覆不完。收到的信件中，有些是「我已經撐不下去了，好想死」這類絕望吶喊，協助節目影片拍攝和上傳的工作人員，起初還會著急表示：「我們必須加快影片更新的速度！」

可是我們後來發現，那段不知道能不能從上傳影片中得到回答的「等待時間」，其實可以幫助諮詢者們檢視自身的痛苦。在等待回覆的期間，不少諮詢者會回過頭去觀看現有的影片，找尋是否有能幫助自己的內容。

開始觀看其他影片不久，他們就會意識到，原來痛苦的，不是只有自己。

在陸續看了針對不同煩惱的回答後，多半會發現某些放下痛苦的方法，正好可以適用，於是他們會再寫信告訴我：「我的煩惱已經從您給其他人的建議影片中得到解答，謝謝您。」

由此可知，「**痛苦**」**並非個人專屬的東西。痛苦存在著共通模式，而且，多數人都能夠從中找到共鳴**。

本書的內容是我針對截至目前為止收到的煩惱諮詢，所給出的「放下痛苦的方法」。書中一共列舉了五十個案例，包括人際關係、工作、金錢、事業經營、育兒、家庭、戀愛、疾病等煩惱。各位無需專注從頭閱讀到尾，只要在心中對於工作、家庭、日常生活感到不安、不滿或有壓力時，翻開本書，相信應能從中找到放下痛苦的提示。

若能透過本書，幫助各位讀者放下各種痛苦，我會非常開心。

大愚元勝

CONTENTS

目錄

CHAPTER 2

該如何面對工作上的煩惱？

CHAPTER 3

避免受金錢左右的思維

CHAPTER 4

該如何面對疾病或健康的問題？

CHAPTER 5

如何面對有關孩子、家庭的煩惱？

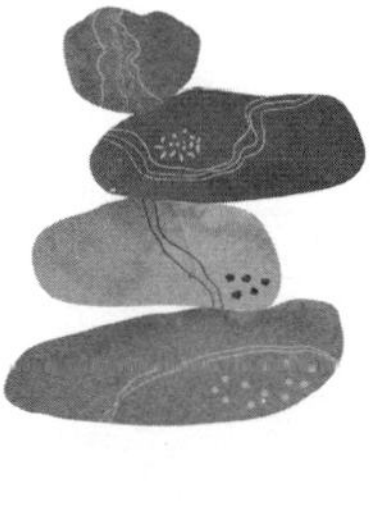

CHAPTER 6

該如何面對戀愛與婚姻的煩惱？

CHAPTER 7

從煩惱、焦慮、壓力、悲傷中脫身

Chapter 1

終結人際關係痛苦的方式

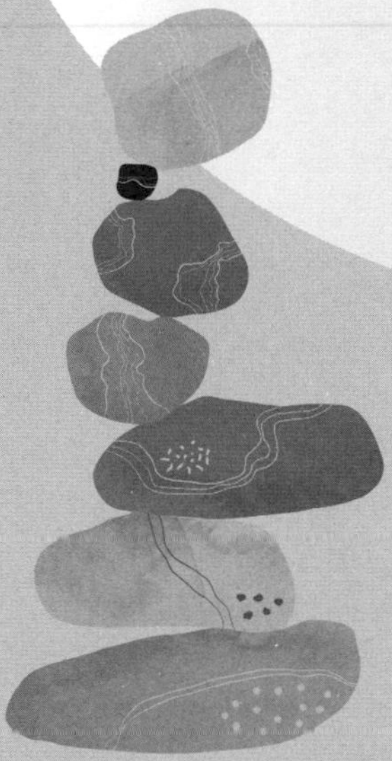

01

千萬別結交的「四種人」：
只拿不給的人、
只會出一張嘴的人、
甜言蜜語的人、
放浪形骸的人

人一定會受到他人的影響，因此，與誰往來就更顯重要。

釋迦牟尼曾說過：「以下這四種人是敵人，非善友」，還說：「險路勿近，遇敵遠避」。

這四種敵人是：

①只拿不給的人

- 鮮少付出，但接受別人的好意時，總是貪得無饜的人。
- 只顧著追求個人利益的人。

②只會出一張嘴的人

- 「當時我出面替你做了那些事」老是提起過去的恩惠、利用友情的人。
- 「下次我會幫你這樣做」承諾未來、利用友情的人。
- 必須完成的事已迫在眉睫，才說「我現在不方便」的人。

③甜言蜜語的人

- 人前說客套話、人後說壞話的人。
- 只會說好聽的表面話，其實一點內涵也沒有的人。

④放浪形骸的人

•日夜沉溺於賭博、喝酒的人

二十幾歲的S子曾經寫信諮詢：「我很煩惱該如何與從小一起長大的E子相處。」

據S子表示，E子有時會叫她購買自家公司的商品，或是向她借錢。S子因此開始遠離E子，但是又很擔心：「我們從小一起長大，現在這樣不把對方當朋友，會不會太冷漠？」

我認為，對於S子來說，現在的E子「非善友」。既然如此，就算E子感到不滿，**疏遠仍然是正確的選擇**。當你感到不對勁或不愉快，卻還是勉強自己與對方交往，只是給對方機會，繼續將你玩弄於股掌之間罷了。

另一方面，釋迦牟尼也說過：「這四種朋友，才是真心的善友。」分別是：

①樂於提供幫助的朋友

•在你無精打采時，守護你的人。

- 在你無法正常判斷時，幫助你採取正確行動的人。

② 無論苦樂，始終如一的朋友

- 在你貧窮時，不背棄你的人。
- 在你難受時，願意陪伴你的人。

③ 會替你著想、說真話的朋友

- 提出忠告，阻止你走錯路，或告訴你重要資訊的人。

④ 願意同情你的朋友

- 在你失足時擔心，在你成功時高興的人。
- 聽到有人說你壞話，會替你辯護的人。

釋迦牟尼表示，這四種朋友才是值得真心相待的善友。當你的內心脆弱、充滿欲望或憤恨時，最容易吸引惡友靠近。**想放下痛苦的人際關係，就需要訂出基準，明白「我要與這種人往來，而不跟那種人往來」**。不妨參考釋迦牟尼揭示的四種「敵人」與「朋友」定義，做為你交友的準則。

02

不刻意躲避「說壞話的人」，「壞話」總有一天也會過去

釋迦牟尼曾說過，遠離迷惘與痛苦的方法之一，就是「忍耐」。日文的「我慢」（がまん）是「忍耐」的意思，但這裡的**「忍耐」，並不是「我慢」**。

「我慢」原為佛教用語，是七慢的慢心之一。「慢心」是七種不同層次的煩惱：慢、過慢、慢過慢、我慢、增上慢、卑劣慢、邪見慢的總稱，而「我慢」則是「我帶著慢心的狀態」。換句話說，就是唯我獨尊、自戀、傲慢、認為其他人都比不上自己。

「我慢」在日文裡，是當作「忍耐難受與悲傷」的意思使用。但是，「就算痛苦也要忍受」的態度，也是出於自戀，正因為「我這麼厲害，才不想讓別人有說我壞話的機會」。

因此，佛教所描述的「忍耐」，與這種「我慢」截然不同。

佛教中的「忍耐」，不會對自己或他人的情緒產生過度反應，隨之起舞。而是張開真實之眼，觀察壞話的起因和緣由，以及發生在自己身上的真實狀況。

忍耐冷、熱、飢、渴，即使承受謾罵誹謗也要忍耐。如此一來，才能夠逃離迷惘痛苦的根源，也就是「煩惱」。

釋迦牟尼短暫停留在印度的城市憍賞彌時，曾經發生了一件事。有人對釋迦牟尼懷恨在心，因此買通城裡的壞蛋，散播釋迦牟尼的壞話，結果人人對他敬而遠之，弟子們去托缽乞食（拿著缽挨家挨戶領受供養的食物）也拿不到食物或物資，只有挨罵。

其中一位弟子阿難向釋迦牟尼提議：「我們離開這裡吧。應該還有比這裡更好的城鎮，我們就去其他地方吧。」

釋迦牟尼問阿難：「如果下一個城鎮也與這裡一樣，該怎麼辦？」

阿難說：「那麼，我們就繼續找下一個城鎮。」

釋迦牟尼回答：「阿難，這種情況，無論走到哪裡都避免不了。遭到指責誹謗時，我認為默默承受，靜待誹謗過去，再前往下一個城鎮比較妥當。阿難，佛（覺者）不受世間八件事——利益、損害、中傷、名聲、讚美、誹謗、快樂、痛苦——動搖。這些事情不久就會過去。」（參見：《佛教聖典》佛教傳道協會）

幾天前，我收到C子的諮詢，她的煩惱是與幼稚園其他家長之間的人際關係。

C子對於跟幼稚園其他媽媽往來感到疲憊，也發現有幾位媽媽在背地裡說她的壞話，使得她逐漸被其他媽媽排擠孤立，甚至有「好想搬家」、「想把孩子轉去其他幼稚園」的想法。

我告訴C子解決的方法是「忍耐」。

人只要一想到「有人在背地裡說自己壞話」就會心生動搖，但釋迦牟尼表示：「中傷、誹謗、痛苦，很快就會過去。」

對於說壞話的人來說，有這麼做的原因。

或許是出於嫉妒、身體不適、發洩積怨等單方面的個人問題，又或者是當成愚昧又愛八卦的人們茶餘飯後的話題。

而對於被說壞話的人，也有成為箭靶的原因。

或許是在不知不覺中，遭人誤解。或是自己的態度與過失，引發了批評。無論如何，都必須冷靜觀察，找出旁人之所以這麼做的起因。

找出原因的過程中，最重要的是**在自己心中設置「檢查哨」**。就像跨越國界，需要經過邊境管制站或海關，假如允許任何人自由進出，不僅善良的人，心懷惡意的人也會輕易闖入。

請像這樣在心中設置檢查哨，接著冷靜觀察：「別人為什麼要說我的壞話？」假如原因出在自己身上，就需要反省改進；但是，假如說壞話的原因出在說壞話的人身上，就別勉強自己與對方相處，只要堂堂正正，做自己該做的事，保持應有的態度。如此一來，那些難聽的話終究都會過去。

對於發生的事情如果過度反應，第一個念頭就是想逃走，也沒有仔細確認問題的起因，不僅可能對家庭造成沉重的負擔，對孩子來說，也是不良示範。在孩子眼中，你將是個「束手無策、只知道嘆氣的愚蠢父母」。

人無法獨自存活，終究必須與他人建立關係。透過這樣的事件，也有機會學習到人與人之間的關係。倘若這次沒有學會，一心只顧著逃走，往後仍然會不斷遇上同樣的問題。

如果有人因為你不記得的事情，在背後說壞話，就算你理直氣壯，也會想轉身逃離吧。

但我認為，在這種時候，反而更應該冷靜凝視自己內心有什麼反應，讓心靈穩定下來。

不妨提醒自己：「這正是考驗生而為人的我，能否善良生活的關鍵時刻。」

03

在本人不在時稱讚對方，能讓對方打從心底感到開心

我想告訴大家一個重要的想法：「**想要吸引他人（打動對方），你必須很有魅力**」。曹洞宗的開山始祖道元禪師，曾在他的著作《正法眼藏》提到了「四攝法」，也就是「吸引他人的四個智慧」，分別是：「布施」、「愛語」、「利行」、「同事」。

- 布施……不把物品或能力佔為己有，毫不吝惜地將財物、能力或勞力，分享給他人。
- 愛語……說出溫柔的話語、充滿慈愛的話語，以及帶著愛意的話語。
- 利行……不求回報，盡力成就他人。
- 同事……有捨己之心，能設身處地為人著想，為他人之喜而喜，為他人之憂而憂。

「四攝法」所傳授的四個智慧，正是「建立夥伴關係」的最佳祕訣。**而我認為在這之中，尤其是「愛語」的實踐，最能讓人際關係轉往好的方向前進。**

愛語是說出「猶如母親掛念寶寶般，充滿慈愛的話語」，但更有趣的是，書中也具體提到實行的方法。那就是：

「稱讚不在場的人」

「在對方不在場時，談論他的魅力」

「趁著當事人不在場時表達稱讚」

上班族A很煩惱與下屬的關係，因為下屬「不太聽話（不按照上司的指示行動）」。不過，下屬之所以不聽話，並不是因為對主管或公司缺乏忠誠心，而是因為A是以「嚴厲的方式教導下屬」。A沒有實踐愛語，平時一看到下屬的缺點，就會加以批評。

當A學到了愛語的想法後，便開始用於被部門視為累贅的下屬B身上。A不再批評B的缺點，反而肯定B的個人特色，也記得會在當事人不在場的時候，表達對對方的讚許。

間接得知上司稱讚了自己的B，不再像過去一樣，老是失敗或垂頭喪氣，業績也逐漸提升。

A的愛語激勵了B，而B的改變，也使得整個部門的氣氛開朗了起來。

道元禪師相當注重「話語的力量」。《正法眼藏》裡提到：「面聞愛語，喜面樂心，不面聞愛語，銘肝銘魂。」

意思是「**當面聽到讚美的話語，喜悅會浮現在臉上，心裡會感到愉快。經由第三者傳達而聽到的讚美話語，將會更深刻地烙印在心上和靈魂上。**」

四十年來，我的母親都以庫裏（住持的妻子）的身分，在寺院附設的幼稚園擔任副園長。

我的母親在神奈川縣的牧場長大，原本立志要成為書法家，卻在大學時邂逅了家父，後來嫁入禪寺。因為結婚而來到完全陌生的環境，家人朋友都不在身邊，家母一開始曾覺得自己除了寫書法外什麼都不會，但是，她卻時時記得用心使用「愛語」。

福嚴寺的信徒之中，有位常來寺裡的老太太，她的口頭禪是「活著也沒有意義，不如死了算了」。家母陪她閒聊，聽她說了不少對媳婦的不滿和壞話。由於母親當時還很年輕，與對方媳婦的年齡相仿，因此在聽完老太太抱怨之後，忍不住感歎：「好像她在埋怨的人就是我，心情很難受。」

某年春天，家母剛巧與那位媳婦見上了面。她覺得對方儘管有些文靜笨拙，卻十分老實可愛。閒談時母親告訴對方：「妳的婆婆常來我們寺裡」，那位媳婦說：「我為人處事不夠靈巧，常覺得慚愧，不過即使如此，我的婆婆還是一直對我很好。」

從那天起，那位老太太每次來寺裡，家母都會在誇獎對方的孫子時，順便說一句：「妳的媳婦說她很感謝妳。」

老太太一開始很驚訝：「沒想到她會這麼說。」後來，她漸漸不再抱怨自己的媳婦，最後甚至很開心地說：「我媳婦變能幹了。」

母親回顧起自己四十年來的經驗，肯定「愛語」的力量。她告訴我：「人呢，只要三人聚在一起，就一定會說別人的壞話。但是，只要一點點愛語作為契機，就能成功阻止抱怨和謾罵。」

輾轉傳到當事人耳裡的愛語，擁有「直達對方靈魂」的巨大力量。

想擁有圓滿的人際關係，請務必實踐愛語，私底下稱讚他人。

如此一來，對方對你說出口的，也將是帶著溫柔、慈愛與愛意的話語。

04

處不來的人、討厭的人、不樂見的人，全是有助於自我成長的「人生導師」

佛教認為，「**學習真理時，不能只以僧侶和法師為『師』，世界上所有的人，都是優秀的『師』。**」

「師」這個字，一般是指「教導他人的人」、「老師」、「師父」的意思。不過，如果我們從這個字的起源來看，「師」是由「𠂤（堆）＝小土丘」和「帀（匝）＝包圍」構成，因此，「師」這個字有「很多人聚集的地方」、「眾人、眾多東西」的意思。

在大乘佛教的經典《華嚴經》裡，有個故事叫〈入法界品〉。「入法界」是「進入法界（覺的世界）」的意思。

〈入法界品〉的主角，是一名叫善財童子的青年。善財童子遵循文殊菩薩的訓示，拜訪了五十三名[2]善知識（傳授正確佛教真理的人、通曉各道的人），並敞開心胸，接受教誨。

2 譯注：根據算法不同，也有說法是五十四或五十五名。

這五十三人當中，不只有菩薩和苦行僧，還包括女神、仙人、婆羅門（印度種姓制度中社會地位最高、也是吠陀教地位最高者）、船夫、醫生、商人、兒童、妓女等，象徵「佛法無關職業、身分、年齡、性別，可以向任何人求教」。

一般認為，《華嚴經》是「探究人類（或說是人類社會）矛盾的佛經」，而善財童子的旅程，正是見證人類的愚蠢、危險與矛盾的過程。

善財童子遇到的第十八位[3]善知識，是住在多羅幢城的無厭足王。

無厭足王是廣受百姓愛戴的明君，但是，他懲罰罪犯卻也毫不留情，會斷其手、割其耳鼻、挖眼剝皮、斬首炮烙。

善財童子看到遺骸堆積如山，血流成河的場面，義憤填膺地質問無厭足王：「這殘酷的景象宛如地獄。懲罰罪犯有必要做到這種程度嗎？」

遭到質疑的無厭足王將自己的行為正當化，回答：「沒有其他方法能夠阻止嚴重的犯罪行為。唯有讓世人看到罪犯受苦的模樣，百姓才會恐懼，也就不會輕易嘗試十不善業（殺生、偷盜、撒謊、批評等十種惡行）。」

事實上，無厭足王並沒有真的行刑，而是施展威神力（釋迦牟尼和菩薩使用的神奇力量），使人看到幻象，藉此教導民眾。

無厭足王之所以透過幻術，讓眾人看到「假地獄」，是為了讓百姓明白——只要是人，都有可能犯錯，而一旦犯錯，就會得到相對應的報應，因此，必須懂得自我克制。

接著，善財童子遇到的第二十五位善知識，是名叫婆須蜜多女的妓女。她對善財童子說：「被欲望附身的人來到我這裡，能夠擺脫執著。聽到我的聲音、擁抱我，能夠引導他們遠離欲望，得到解脫。」

善財童子在看到婀娜多姿的婆須蜜多女之後，發現自己的內心，也存在著與那些經她度化的男人們相同的「欲望」。

無厭足王並非殘忍的暴君，他是為了維護國家安寧。妓女絕不污穢，她是為了避免人們沉溺於欲望之中。

3 譯注：依版本不同，有些是十七或二十。以下順序也同樣可能有版本差異。

善財童子知道這些善知識真實的用意後，了解到「人人都是自己的老師」，也明白「無欲清廉的人並不存在，每個人都有愚魯的一面」。

在福嚴寺舉辦葬禮的人之中，有許多是「相親結婚後共組家庭，一輩子相隨的夫妻」。

我曾詢問一位照顧住院丈夫的婦人：「您的丈夫過去是什麼樣的人？」婦人這樣回答我：「在我們那個時代，結婚都是奉父母之命，無法自己選擇對象。外子向來個性固執，完全不肯聽我說的話；假如你問我是喜歡他或討厭他，我會回答『討厭』（笑）。可是，現在像這樣照顧他，我卻覺得很滿足。我從他身上學到很多，我的人生也因他而存在，這點毋庸置疑。不過啊，若是以前是像現在這時代流行的『戀愛結婚』，我一定不會選這個人（笑）。」

不管是相親結婚或戀愛結婚，這兩人最終就是在一起了。

生活中，我們**鐵定會遇到「難相處的人、討厭的人、不樂見的人」**。然而，註定出現的人，就是會出現。

為什麼呢？這是因為**「難相處的人、討厭的人、不樂見的人」，也是「教導我們人生智慧的老師」，能夠帶給我們人性的成長。**

了解到這點之後，即使「不想見到的人」站在你面前，或許也能試著接納對方的存在。

對我們來說，遇到的每個人，都是重要的人生導師。

因此，要從更多人身上學習，而不是僅用好惡做選擇。抱持盡可能向更多人學習的心態，才是最重要的。

05

「接受心」寫作「愛」

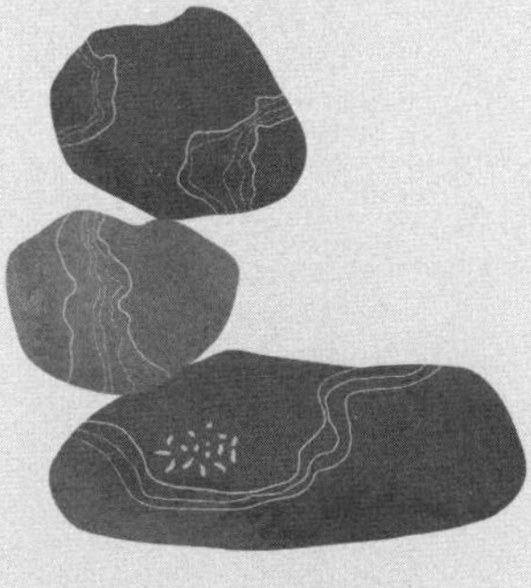

有部經典叫作《六方禮經》，內容是釋迦牟尼教導失去富豪父親的青年善生，什麼是正確的人際關係。

「六方」是指「東南西北」四個方向，加上「上下」。每個方向分別代表：

- 「東……父母」
- 「西……妻子」
- 「南……師弟」
- 「北……朋友」
- 「上……宗教人士與居士」
- 「下……主僕關係」

「禮拜」是一種禮敬方式。

釋迦牟尼表示，要「實踐做人的正確倫理」，就要與分配在六個方向的人，建立良好的人際關係。尤其在禮拜位於「北方」的朋友時，必須記得要秉持以下的五個原則：

①擁有「給予（付出）」之心
②要說親切的話、溫柔的話、使人安心的話
③成爲朋友的助力
④視朋友如同自己，站在相同的立場，思考行動
⑤不欺瞞、不背叛朋友

另外，朋友與你相處時，也要遵循下列五個原則。

①保護身心耗弱的朋友
②保護身心耗弱朋友的財產
③保護恐懼膽怯的朋友
④不捨棄身處逆境的朋友
⑤珍惜朋友的後代子孫

對朋友抱持感恩之心，並禮拜對方，就能夠建立無可動搖的關係。

遵循並實踐以上這十項原則，不僅有助於培養朋友關係，對於培養「六方」的人際關係也很重要。

我在攻讀研究所時，曾在幼兒園兼職。當時，為了認識美國的幼兒教育，而前往紐約市參觀。在回國前一天，我去中城買伴手禮，卻突然下起豆大的雨，沒帶傘的我，只能找個地方躲雨。

我站在一旁大樓的屋簷下躲雨，但雨勢太大，完全沒有要停歇的樣子，我心中盤算著：「應該跑回飯店嗎？自己淋雨沒差，可是我不想讓伴手禮也跟著淋濕……」

還在猶豫不決時，從大樓裡走出一名身材高大的商務人士。他把自己的傘塞進我手裡，接著就直接衝進雨裡，渾身都溼透了。

到了回國當天，我再度來到躲雨的地方，想要向前一天那位先生道謝。

我向大樓櫃檯說明事情原委。

「昨天，在這棟大樓工作的人借給我雨傘，可是我不知道對方的名字，也不知道他任職的公司。我等一下就要飛回日本了，能否請你們幫我把傘還給他？」櫃檯女子露出有些困擾的表情，告訴我她愛莫能助，這時，另一位經過櫃檯前的男子叫住了我，對我說：「那把傘的主人在這棟大樓的十五樓。你要和我一起上去找他嗎？」

抵達十五樓之後，我非常驚訝。這是高階主管的樓層，而昨天借我傘的男人，正是這家公司的大人物。

他的名字是柯爾。柯爾看到我來訪也很驚訝，他說：「你居然特地把傘送回來！」我送了他一盒甜點當作昨天的謝禮，柯爾立刻開心微笑。

柯爾「給予」我雨傘，成為我的「助力」，「保護」了陷入困境的我。他為我所做出的舉動，正符合六方禮拜的本質，也是「實現做人的正確倫理」。

在日本長野縣的深山裡，有一家小小的計程車行，叫「中央計程車公司」。這家車行有九成的客人，都是利用電話預約，很少有路上隨攔隨載的服務。儘管如此，它仍然是「長野縣內營業額排名第一」的計程車行。

中央計程車的宇都宮司社長，曾和我提過一個小故事，是關於一位「拋下計程車的傳奇駕駛」。

故事中的計程車駕駛A，要將一對老夫婦從長野送到成田機場，途中遇到高速公路大塞車，擔心再這樣下去，會趕不上飛機的起飛時間，於是他們決定把車開到最近的車站，改搭電車。平安抵達車站的乘客下車後，駕駛A不知怎麼回事，也跟著一起下車，並陪同那對老夫婦搭電車前往成田機場。

駕駛A為什麼會拋下計程車，送他們去機場呢？原因是他想避免「乘客在東京車站迷路」。

駕駛A問自己：「假如那對乘客是我的父母，我會怎麼做？」得到的答案是：「我會親自送自己的父母抵達目的地。」

懂得站在與客戶相同的立場思考行動的駕駛A，因此被稱為「傳奇駕駛」。

宇都宮司社長的父親，也就是車行創辦人宇都宮恆久會長認為，計程車這一行是「**接觸客人的人生，維護客人安全的工作**」。

三一一大地震時，儘管事先預約的客人將抵達時間延後「十二小時」，駕駛仍然在機場等待他們。

另外一次是突如其來的大雪造成交通中斷，導致客人沒辦法趕上飛機，他們不但在機場附近的飯店訂了房間，還準備餐點招待客人。

宇都宮會長說：「最重要的是，必須在公司內部維持良好的人際關係。只要人際關係好，公司風氣開明，這些正能量就會展現在對客人的態度上。」（參見：PRESIDENT Online／二〇一六年十一月七日）

位在長野縣的小小計程車行，之所以能收到乘客絡繹不絕的「感謝之聲」，全靠著員工恪守（正確禮拜）「六種關係」的緣故。這是我的解釋。

無論是紐約的柯爾，或是中央計程車的傳奇駕駛，在他們的心底，都存在著「愛」。

「愛」這個字，可以拆解成「受」和「心」。

「愛」不是表達自己的想法和見解，而是「站在接受者的立場，與對方相處」。

試著站在對方的立場，就是維持圓滿人際關係的起點。

06

問候是「避免與人衝突的最高智慧」

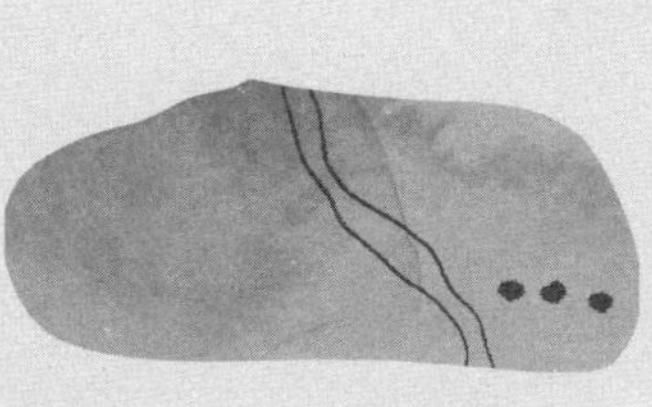

在寺院裡，經常可以看到「合掌鞠躬」的畫面。

合掌，是指雙手掌心在臉前或胸前相貼敬拜的姿勢。

鞠躬，是指低下頭，躬身行禮。

我認為，**「合掌鞠躬」是最理想的問候方式**。

透過問答，測試對方悟道的深淺（了解對方對於佛教道理領悟了多少），在禪宗稱為「一挨一拶」，這個「一挨一拶」，就是日文中的「挨拶」（あいさつ），也就是問候、打招呼的意思。

中國的禪宗公案集（禪宗的問答集）之一《佛果圜悟禪師碧巖錄》，簡稱《碧巖錄》。其中提到：「至於衲僧門下，一言一句，一機一境，一出一入，一挨一拶，要見淺深，要見向背」。

這段話的意思是，「出家人透過每個詞句、每個舉止動作、每個往來交手，判斷對手的悟道程度，看穿要面對還是要遠離對方」。

「挨」是「逼近」，「拶」則是「提問」的意思，利用尖銳的提問，測試對方的程度，就是「一挨一拶」。

逼近、提問、測試對方，這一連串的舉動，或許稱不上親切溫暖，但是，在「一挨一拶」之中，也包含著面對對方「真心相待」、「敞開心胸相處」的善意。

日本的合掌鞠躬、歐美的握手擁抱，都是為了避免與人起爭執的智慧妙招。擁抱和握手，據說原本是在表示「我沒有偷偷攜帶武器」。同理，佛教中的合掌鞠躬，所要表達的也是：

「我接納你」。

「我對你沒有敵意」。

「鞠躬」的舉動，是在毫無防備的狀態下，把自己的腦袋伸向對方，也是在展現對於對方的信任。

至於「**合掌**」，**則是「佛祖與自己合而為一」的祈禱姿勢**。以右手象徵佛祖（清淨），左手代表自己（不淨）。

朝面前的人合掌時，右手代表對方（清淨），左手代表自己。本書的38頁也提過，世上所有人都是引導自己的「師」。因此，合掌行禮的舉動，也是在體現種種善意：

「你和我並非相反，我們都一樣」。

「我對你敞開心胸，我接納你」。

「我的內心認同你，把你當成我的夥伴、我的朋友」。

據說，靈長類動物中會殺害同類的只有人類和黑猩猩。黑猩猩殺害同類的行為，是為了搶奪配偶和資源所採取的對應行動（參見：京都大學官方網站／二〇一四年九月二十九日／靈長類研究所松澤哲郎教授等人與美國明尼蘇達大學麥克．L．威爾森副教授等人的研究成果）。

遺憾的是，人類也會為了自身的欲望，不惜犧牲他人。不過，人類與黑猩猩的不同之處在於，人類知道「殺害同類」的行為是錯誤的，因此集結智慧，催生出「宗教」，試圖阻止紛爭。而佛教的「合掌」，就是「不爭」的象徵。

我在大學時曾跟隨日籍醫師團前往緬甸（當時的英文名稱還是Burma，軍政府統治之後才改為Myanmar）。

停留在緬甸的十天期間，不僅飯店設施不完善、飲食不衛生，偷竊等問題也頻頻發生，醫師團終於爆發不滿，所有人的矛頭全指向當地一位負責協調工作的緬甸女員工身上。

每次面對這些抱怨怒火，她都會合掌說「我知道了」，概括承受一切。

冷靜想想，就會發現這些責任其實並不在她，她卻從未反駁，也沒有找藉口。起先憤慨不已的日本醫生們，對上了她真摯的態度，也逐漸恢復冷靜，合掌鞠躬，向她道謝。

藉由合掌鞠躬，解除雙方的敵對狀態，彼此互相了解，就是人類所想出的「避免與對方爭執的智慧象徵」。

在日常生活中，開口說出「早安」、「謝謝」、「我開動了」時，何不試著合掌鞠躬呢？

剛開始或許會覺得有些難為情，但習慣之後，就能夠建立你接納對方、對方也接納你的人際關係。

07

真正的朋友，在孤獨中結交

我最早產生「孤獨」的自覺，是在小學六年級的時候。

當時班上同學正在為了即將到來的京都奈良畢業旅行，決定遊覽車座位，一聽到老師宣布：「這是小學最後的回憶，可以跟自己的好朋友坐。」班上氣氛瞬間沸騰。我也跟著開心歡呼，心想：「我要和在班上最好的朋友Ｉ一起坐！」沒想到，我一看向Ｉ同學，喜悅轉眼間變成了難過與不甘，因為我看到Ｉ喜孜孜地牽著其他朋友的手。

班上同學紛紛找好要一起坐的朋友，最後只剩下我和另一位男同學；他是現在所謂的特教生，也就是需要接受特殊教育的身心障礙學生。於是我主動舉手，選擇跟他一起坐。

「學生會長果然可靠！」聽到老師這樣稱讚我，我一點也不感到高興，只覺得我這個人氣投票選出來的學生會長，竟是如此孤單。

從那次以後，我就決定自己「不需要只有表面關係的朋友」，並且深信一個人的話，就不會受傷。

後來，不管是國中或高中，我總是獨來獨往，儘管有朋友卻也不打算深交。總是在心中告訴自己「我要永遠保持一個人」，也拒絕與人拉近距離。

佛教把「看著自己的內心，認識自己真實的模樣」稱為「內觀」。也因為我選擇了「獨處」，所以才有機會深刻了解自己。

孤獨才不會受人擺布。不會對人抱怨、撒嬌、依賴。我發現這樣能培養自己的獨立心。

日本文化多數奠定於江戶時代。正是因為江戶幕府採取鎖國政策，日本在外交、貿易受限的孤立狀態下，才得以發展出歌舞伎、淨瑠璃、浮世繪等日本獨特的文化。

假如**你感到「孤獨」，請明白這正是很棒的機會。想徹底發揮自身魅力，必須先有孤獨。當一個人接納了孤獨，就能同時感受到真正的自己**。

別只為了消除寂寞、打發時間，就去交際應酬。能夠互相砥礪提升，才是理想的朋友關係。

佛教告訴我們，要結交「勝友」。

所謂的「勝友」，是指「優秀的朋友」。同時具備智慧與勇氣、溫柔與誠實、踏實又大膽、美好且情感豐沛的朋友，稱為「勝友」。

那麼，怎麼做才能找到「勝友」呢？

其中一點是，必須先認識孤獨。在孤獨中誠實面對自己，磨練自身的魅力。當你變得更有魅力後，朋友就會隨之而來。

另外一點，是**捨棄「想要從別人身上得到什麼」的欲望**。釋迦牟尼說：「給予（付出）者結交朋友（勝友）。」只要你心裡存在著「想要受人喜歡」、「想要某人為我付出」，就無法遇到能讓你打從心底尊敬的朋友。

如果希望能結交「勝友」，你的想法必須是「施」，而不是「受」。

請試著想想看：「我所擁有的，能帶給他人什麼呢？」只要持續實踐，無論是誰，都一定能遇到「勝友」。

08

優秀的人無需言語，
也能心靈相通

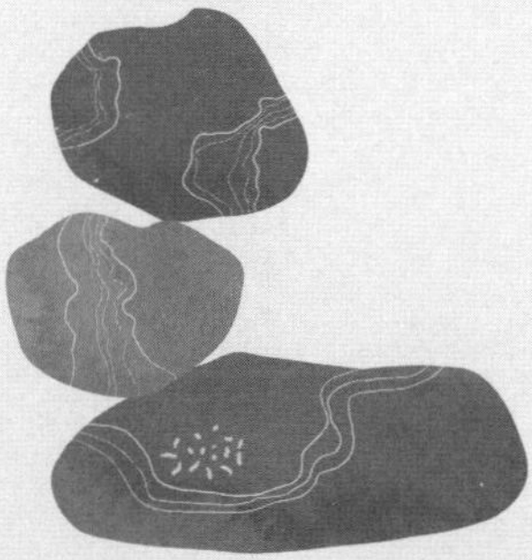

我反覆閱讀過多次作家伊集院靜的作品《海濱飯店》（小學館文庫）。這本自傳性質的散文集，描寫了伊集院先生停留在逗子海濱飯店（已於一九八八年歇業）的歲月。

當時的伊集院先生年過二十五、未滿三十歲，進入廣告公司工作不滿一年就辭職返鄉，在回鄉途中突然想去看海，於是去了逗子。在他望著海發呆時，有人對他說：「白天的啤酒更好喝喔。」原來那個人就是海濱飯店的老闆。

伊集院先生接受老闆的招待，住進了海濱飯店。儘管付不出房錢，對方仍把他當成家人，他因此在那家飯店待了七年之久。

老闆對伊集院先生說：「你不用擔心住宿費」、「你一個人而已，總會有辦法」、「別因為焦急就隨便找工作」、「做什麼都不要緊，我懂」……

伊集院先生說「想出門去旅行」，儘管連房錢都還沒付清，老闆還是準備了一筆錢讓他帶著。伊集院先生回顧當時的情況，說道：「老闆當時為什麼那樣說，是因為擔心年輕人顧慮得失，而不敢採取行動。面對眼前的徬徨青年，他們不曾以得失的角度加以衡量，否則，我不會在那裡待上七年，他們也不會讓我住上七

年。」（參見：《周刊郵報》二〇一一年七月二十二、二十九日號）

伊集院先生寫的小說，多數都是以當時的見聞和靈感為藍本，那些都是「不可或缺的體驗」。

佛教中，有句話叫做「三密相應」。

意思是「高深的真理在深奧之處彼此相互呼應」、「優秀的人無須對話，其氣脈（想法、感受的連結）也能彼此相通」。優秀的人能夠相遇，是因為他們的感性在內心深處互相呼應的緣故。

伊集院先生本身，是一位不把「得失損益」當作人生價值標準的青年，也具備深厚的人格魅力，以及身而為人的正直和豐富感性。

而飯店老闆也明白，伊集院先生的「魅力」、「正直」與「感性」，必然會以小說的型態發光發熱。老闆收留伊集院先生，也是因為他們兩人內心深處的氣脈相通。

環顧四周，會注意到有懂得抓住良緣、充滿幸運的「好運人」，以及盡力活著、卻運氣不好的「壞運人」。

佛教認為，「運」的好壞取決於「業」的善惡。我們的人生是身口意——也就是「行為（身）」、「說話（口）」、「內心想法（意）」——這三業的累積。善業累積多的人，感受敏銳，容易掌握良緣；惡業造得多的人，感受遲鈍，容易結下惡緣。**富感性又有深度的人，並非具有什麼特殊才能，而是「日日心存善念，說好話，做善事的人」。換句話說，就是累積善業的人。**

我認為，吸引而來的緣分、遇到的對象、人脈等，都反映出一個人的氣脈和感性。如果還沒準備好自己的感性和氣脈，即使看書、報名「如何建立人脈」講座、參加跨界交流會想認識對象，也無法找到足以改變人生的命定邂逅。

如果你渴望足以改變人生的真正邂逅，就必須先鍛鍊身心、精鍊感性。這麼一來，對你來說，「不可或缺的人」、「改變人生的人」，自然就會出現。

09

幫助他人的行動，總有一天會回饋到自己身上

二〇一一年三月十一日，我的朋友得知東北地區發生了前所未有的自然災害，於是立刻從愛知縣名古屋市開著卡車，一路奔馳到災區。他的卡車上，載著大量的咖哩食材。

要從外縣市進入滿目瘡痍的災區並不容易，他花了好幾天的時間，才抵達宮城縣石卷市，並在石卷市區小學，與自衛隊合力為災民們煮咖哩。

他想要為災區奉獻心力的想法，並非只是一次性的善舉。之後，他甚至與家人一同移居東北地區，現在也持續協助災區重建。

我的朋友的名字是賽塔赫（Syed Tahir），他是來自巴基斯坦的伊斯蘭教徒。賽塔赫先生之所以全力持續協助重建，是因為過去他曾經受到許多日本人的幫助。他告訴過我：「日本是全世界最親切的國家，擁有最豐富的大自然資源。幾十年前，許多日本人幫助了從巴基斯坦來到日本的我，所以，現在是我對日本、對那些照顧過我的人報恩的時刻。災區重建需要很多時間，所以我決定將自己往後的人生，全數奉獻給東北。」

佛教中，有句話叫做「發菩提心」。「發」是「發心（展露）」，「菩提心」是「為了自己以外的某人、某事物付諸行動的勇氣」。

賽塔赫先生就是「菩提心」的具體表現。我身為一個微不足道的出家人，儘管總是抱持著「助人」的念頭，但完全比不上他。賽塔赫先生的「助人」，沒有事前計畫，也沒有損益評估，只是很純粹的想法。來自異國的賽塔赫先生教會了我「發菩提心」的真正涵義，他的全心全意令人折服，深深感動人心。而他的行動，帶來了巨大的影響力，讓許多人產生共鳴，紛紛自告奮勇，前去幫忙。

醫療器材製造商「東機貿公司」的佐多保彥社長，也是對賽塔赫先生有所共鳴的其中一人。佐多社長成立了一般財團法人「連帶東北·西南」組織，持續在災區提供協助（賽塔赫先生也是審查員之一）。

有些人會想：「我連自己的生活都顧不上了，怎麼可能幫助其他人」、「我可不想為了別人盡心盡力，最後搞得自己吃虧」。

但是，人類是「群居動物」，必須與他人共同生活。身而為人，註定要活在支持旁人與得到旁人支持的關係之中。

人類的確本能上會想著「我要保護自己」、「我要讓自己活下去」，但也因為如此，你更應該要「發菩提心」，試著為他人而活，不要再為私利私欲而奔走。像賽塔赫先生那樣的「發菩提心」，最終能獲得眾人的幫助，而那些為了幫助其他人的行動，兜兜轉轉到了最後，將會回到你的身上。

為了讓自己活著，必須幫助其他人活下去；讓其他人活下去，你才能活著。這**就是「發菩提心」**。

我認為，我們應該要隨時記得「發菩提心」。為別人而行動，最後自己也會獲得許多，並贏得眾人的支持。

Chapter 2

該如何面對工作上的煩惱？

10

「書本」中不存在真理，真理存在於「實踐」之中

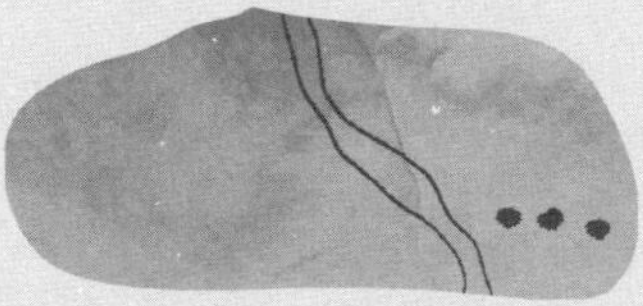

佛教多數的宗派都認為，「真理（佛法）就在經典裡」，並且把經典視為最後的理論依據。然而，儘管禪宗經常引經據典，卻沒有把經典視為「最後的論據」，原因在於禪宗採取的立場是「不受文字與理論束縛，最重要的是以身心去修行，體證到這樣的經驗」。

禪宗的基本想法認為，「開悟」這件事無法用文字形容，所以人們也不應該受到文字的侷限，這稱為「不立文字」。禪宗之所以透過「坐禪」修行，也是在藉由「經驗」，接近開悟與真理。

釋迦牟尼當初只是口頭闡述自己的想法，沒有寫下訓示，也禁止弟子們記錄。因此，原始的佛教經典，是在釋迦牟尼死後，弟子們秉持著「整理統一正確的佛法」、「防止佛法失傳」的目的，依照各自的記憶，合誦出釋迦牟尼的言論，再經過編輯而成（又稱為「結集」）。換句話說，「經典」不是釋迦牟尼親手寫下的，而是後世弟子們的作品。

一般認為釋迦牟尼「不立文字」的原因有兩個。一是為了避免「焚書」（利用燒毀書卷打壓特定思想、學問、宗教的手段）造成失傳，另一個是依賴文字學習閱讀，只是「表面工夫」。

現在的時代，任何人都能隨時、隨處，利用方便的工具和媒體，大量且有效率地學習。但是，**少了「體驗」和「實踐」，光是看過課本或指南，無法將學到的東西，內化成自己的血肉。**

我熟識的花道門派，收了一位高齡八十的老婦為弟子。這位婦人對花道很感興趣，因此開始自學。「閱讀大量相關書籍，或許能夠學到技巧，但只看書無法學到花道的『奧義』。」於是她想到：「想要靠近花道的奧義，唯有向有能力體現的老師討教。」

獲得「知識」固然重要，但除此之外，待在老師身邊，從老師的舉止去「感受」，或是透過自身的體驗實際學習，才是靠近「奧義」的唯一方法。經由體驗的學習很耗時間，然而一旦少了體驗，就無法學到最重要的本質和奧義，這也是禪宗之所以非常看重實踐的原因。

這位八十歲的菜鳥，仔細觀察並模仿老師的舉手投足，不斷地努力去親身感受花道的奧義。雖然因為年紀大，動作比不上年輕學生靈活，但是她所插的花，卻比其他學生更加充滿了生命的躍動。

11

透過網路能學到「技術」，卻無法真正學到「心」

佛法是藉由「面授相承」，流傳下來。

「面授」是指：「面對面由老師直接傳授」、「師父將重要的教誨，直接傳授給弟子」。

「相承」則是指「師父傳給弟子，代代傳承佛陀領悟的道理」。

空海[4]（弘法大師）重視修行現場的「面授」，不肯把解釋《理趣經》的《理趣釋經》借給自己的師兄兼好友，也是好對手的最澄（天台宗的開山始祖）。據說，這是因為最澄重視的是看書學習的「筆授」。《理趣經》的內容，是在肯定男女情愛與床笫之事，因此空海認為「缺乏面授和修行，難以理解經文」，只抄寫經典有可能產生誤解，所以不想隨意出借經典。

我從學生時開始學習空手道，也曾在極真會館、白蓮會館的全接觸空手道[5]日

4 774-835。空海會前往長安學習眞言密教，返日後創立眞言宗，是對日本佛教影響甚深的重要僧侶之一。
5 空手道中可以直接擊倒對手的派別。

本大賽中出賽。

看過空手道教本和教學影片，就能大致學會空手道的型與技，但光是記住這些並無法變強。**空手道中「強大」的本質，並不在於打倒對手，而是在於「克服自身懦弱的強大心智」**。

藉由「空手道」這項武術，透過「道場」的場地，以及「師父與師兄」這些對象，一步步學會技術、禮儀、判斷力、行動力、勇氣、耐心、為別人著想等，就是強大的來源。心（精神）與技（戰術）不能分開看待，「心技合一」才是空手道的本質。

我在大學畢業的同時，也準備與空手道告別。在退役前的最後一場大賽，我拿到了第三名，照理說，也算是完美收場了。儘管輸掉準決賽，我卻沒有感到不甘心，可說是爽快結束了我的空手道人生。

「第三名」絕不可恥，但道場副代表卻以前所未有的態度斥責我：「這樣丟人現眼的比賽，你認為自己已經盡全力了？你甘願就這樣結束嗎？」又說：「你在準決賽開始的三十秒過後，就覺得『我已經全力奮戰，輸掉也無妨』，所以放棄了比賽吧？我很清楚你的心技體，這種事當然立刻發現了。」

副代表說得沒錯，我在比賽進行到一半時，內心深處已經放棄戰鬥，覺得「這場比賽就算輸了，也有第三名」。他看穿了我無法嚴以律己的「軟弱」，知道我老早就輸給了自己。

後來，我沒有退出空手道界，反而開了道場，現在仍在指導後進。當年的我，因為有副代表直接的指導，才能發現自己內心的軟弱，理解「強大的本質」就是「自律」。

自從網路和參考書普及之後，大家可以在任何地方進修。但是，只靠網路和書籍，即使能夠學到技術，也很難鍛鍊心靈，深入理解，進而觸及本質。

人生的知識，是透過「面授相承」而來。學習上最重要的，不是「學得更有效率」，而是「直接跟老師求教」。

12

「全力以赴」、「認真以待」，才能打動人心

《法句經》這部經典中，有以下這段內容：

「不管利益他人的事多重大，也不可疏忽自己的目的（涅槃），更要下定決心完成。」（參見：《佛陀的真理箴言　有趣的箴言》中村元譯／岩波文庫）

釋迦牟尼說：「**損己益人是愚蠢的行為。人要為自己的目的而活。**」佛教的第一義，也在確立「自我」的存在，但意思不是「我比其他人優先」這種自私自利的想法，而是「**專注在自己的工作上，最後的結果對他人也有好處**」。

在貿易公司工作一年的男性上班族來找我諮詢。他說：「我想辭職，卻又覺得這樣是背叛社長和上司，內心很掙扎。」大學畢業後，他原本打算出國留學，但是報名資格必須具備「正職工作經驗」，所以為了符合資格，他決定暫時先就業。他擔心自己是「以辭職為前提在工作」，我告訴他：「你為自己的目的而活，不為他人而活，這樣做並沒有錯。」接著又對他說：「百尺竿頭更進一步。」

這句話出現在中國禪宗史書之一、簡稱《傳燈錄》的《景德傳燈錄》中，以「即使爬到了百尺（約三十公尺）長的竿子頂端，仍然可以再往上前進一步」，**比喻「就算已經努力抵達頂點，也不能安於現狀，仍然必須繼續精進**」。

出國留學是他的目的，因此「清楚自己的目的並專注於此」這件事並沒有錯，不過，他對於工作的態度，卻讓我有點意見。儘管嘴上說：「背叛社長和上司的期待，讓我很痛苦。」另一方面卻又能很乾脆地切割：「我進這家公司工作就是為了留學」，甚至可以察覺他對工作毫不在乎的態度，似乎是覺得「反正都要辭職」……

才剛就業的他，尚未達到「百尺竿頭」，卻自視過高，以為自己「已經累積足夠的實務經驗，可以辭職了」，這就是前面提到的「慢心」（自負自滿）。他把「現在的工作」與「出國留學」分開看待，但事實上，未來才會發生的「出國留學」是「現在的工作」的延續。既然如此，我認為他應該要對眼前的工作熱衷投入、全力以赴。

所謂全力以赴，日文寫成「一所懸命」，意思是「把性命交付在一個地方」。日本明治維新的幕後功臣吉田松陰曾經留下這句話：「人類自誕生以來，看到別人為了一件事情全力以赴的姿態，沒有人不會被感動。」（參見：《超譯吉田松陰：訓練覺悟力》池田貴將 著／Sanctuary Books 出版）。「全力以赴」和「認真以待」，最能打動人心；愈是真心投入的人，就會擁有更多的聲援者和支持者。

這位上班族目前暫且擱置了辭職的念頭，正在實踐「百尺竿頭更進一步」。因為他知道，為「百尺竿頭更進一步」付出的努力，終將會使他成功出國留學。就算他過幾年後辭職，也已經確實地在工作上全力以赴。

面對工作時心懷謙虛、不驕矜，抱持著「我打算在公司工作十年、二十年」的心態，利用公司累積財富吧。如果能夠抱持這種覺悟，活在「當下」，往後的人生也自然會找到出路。

13

不觀他人作不作，但觀自身行，作也與未作

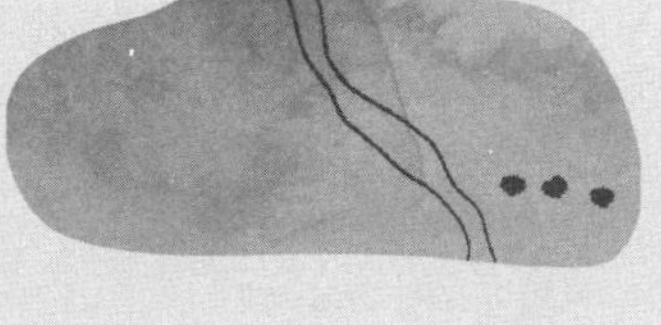

人會藉由與他人比較，以測量自己所站位置與自我價值。有時，敵對、競爭的想法會成為原動力，但如果無時無刻都在與他人比較的話，就會產生無止盡的自卑與嫉妒，內心也無法平靜。

距今大約五年前，一名上班族N先生來找我諮詢。「我在公司的評價不佳，很煩惱要不要繼續留下。」他對於「我比同事工作更認真，卻只得到『同樣評價』（獎金或月薪相同）」這件事，感到不公平。

佛教裡，有談論「我該怎麼活？」也就是叩問個人生活方式的教義。《法句經》中，以下面這首詩記錄了釋迦牟尼的教誨：「不觀他人過，不觀作不作，但觀自身行，作也與未作。」[6]（參見：《佛陀的真理箴言　有趣的箴言》中村元譯／岩波文庫）

因此，我對感嘆「薪水低」的N先生說：「薪水高低不是靠社長為你加薪，而是你要幫自己加薪。」

6　譯註：白話意思是「不探查他人的過錯，不管他人已做、未做，只應該察覺自己做了什麼事，什麼事尚未做。」

佛教提醒人們「易見他人過，難見自過失」，因此最重要的，是要懂得反省自己的內心狀態，別在意別人對自己的評價。旁人的評價有時像風向雞一樣變換，N先生卻被旁人的評價牽著鼻子走，迷失自我，也疏忽了工作。

在那之後，N先生奮發圖強，說服公司創立新事業（網路商店），且每個月貢獻了數百萬日圓的營業額，他期待「藉此提高公司對自己的評價並成功加薪」。沒想到，他得到的評價還是沒有改變，公司甚至把他從業務部調到會計部，讓他負責「會計業務」。心不甘情不願接受調職的N先生，在管理現金流向時發現：「公司積極將盈餘再投資，用於強化現有事業及開發新客戶上。」

原來，N先生的公司創業不到幾年，仍在持續成長中。沒有把盈餘分給員工，是因為行銷所需，也是為了維持經營穩定。N先生進而明白了社長的真正想法：「當時我的薪水沒有調漲，是因為以公司的成長為優先。」在他來找我諮詢的三年之後，社長總算提議要為N先生加薪，但N先生拒絕了，他認為：「把這些錢拿去再投資，即使不多，也能夠幫助公司更加壯大，這麼一來，自己也有機會從事規模更大的工作。」

不去看「他人已做、未做」，而專注在「自己該做的」。結果N先生得到比薪水或技術更重要的東西，就是「信任」。N先生學會自省之後，旁人也認同他是「會全心做好該做的事」的人，所以N先生現在已經是公司最年輕的董事。

關鍵在於，「自己採取什麼樣的行動」。**別對他人的事情說三道四，只要冷靜觀察「自己要怎麼活？」就能夠擺脫與他人比較，所產生的嫉妒與自卑感。**

14

先有「想法」。
為了實現想法，於是產生創意，
接著做出美麗貼心的商品

外資企業在日本設立分公司、日本企業擴大海外據點、增加外國人的錄用人數等，在在顯示日本企業正逐漸朝著全球化邁進。

前些日子，某間企業邀請我去演講，其中一位與會者提問：「我覺得日本企業很難像美國那樣，透過創新帶來巨大的影響力。今後日本企業想要贏過世界各國的對手，不可或缺的是什麼？禪宗有沒有什麼提示呢？」

聽到這個問題時，我想起小時候曾讓我很震撼的「米粒」的事。那不是普通的米粒。福嚴寺過去曾經收藏「寫有一節《般若心經》內容的米粒」（現在已經不在了），在大小約五公釐的米粒上，滿滿都是用極細筆寫的文字。我看過那顆米粒無數次，每次都令我驚嘆不已。

簡稱《般若心經》的《般若波羅蜜多心經》，內容是關於「理解大智慧，提昇自身人性」。《般若心經》的「般若波羅蜜多」，意思是圓滿的大智慧，為來自梵語「Prajñāpāramitā」的音譯。

在古代的日本，為了祈求順產，會讓孕婦吞下「寫著般若心經的米」，因為

「米」是象徵維持生命的糧食，換言之，**「吞下寫著般若心經的米」**的行為，**不僅能夠「連接生命」，也賦予即將出生的孩子「智慧」**。

美國的經濟發展之所以成為世界第一，在於發明並大量生產了汽車和各種家電產品。

另一方面，日本能夠在戰後從谷底一路攀升到GDP世界第二，原因則是日本人發揮了與生俱來的認真、聰明、纖細與縝密，提高並深化歐美製造的汽車零件與家電產品的品質。

後來，美國迎來科技產業凌駕於汽車與家電產業的時代，而科技時代的寵兒之一，就是已故的蘋果電腦創辦人史蒂夫．賈伯斯。

賈伯斯被視為創新的化身，但他本人沒有發明出偉大的產品，也並未帶來改變世界的革新創意。賈伯斯所擁有的，是「美學」與「貫徹到底」的精神，他熱愛日本禪學，甚至連婚禮、葬禮都是走曹洞宗禪學的風格。**賈伯斯美麗、細緻又講究的造物美學，其實是受到日本風俗文化與日本禪學的影響**。

跨越「過去、現在、未來」，俯瞰企業興衰時就能發現，未來能夠發跡壯大的企業，絕非那些只懂得大量生產、大量促銷的公司，而是更敏銳、縝密、真誠、懂得替人著想、更貼近民眾煩惱與困難的公司。

時代已經從注重硬體（建築、機器、工具等有形的物質），轉變成強調軟體（觀念、教育、資訊等無形的東西）。

沒有豐沛資源的日本，若能成為對全世界有價值的存在，是因為從古至今養成日本人的特有軟體。當中包括對大自然的敬畏、農耕培養出的團結意識，以及生活環境形塑的性格等等。換句話說，就是要更進一步看重並活用日本人貼心、纖細、靈巧、縝密的特質。

日本是全世界最早面臨少子高齡化問題的國家。日本人秉持體貼的心，為社會上的身心弱勢，打造出不少便利舒適的產品與服務，在其他國家即將走上同樣的道路時，這一點或許便能成為日本領先世界的強項。

舉例來說，日本的免治馬桶廣受世界各地人士的青睞。我的伊朗朋友早早就買了，他告訴我：「我和父親同樣受到痔瘡所苦，現在已經沒辦法過沒有溫水洗淨便座的生活了。」又比方說，日本的金屬加工機器精密且性能卓越，同時具備簡單、方便操作的優點，獲得世界各國的高度信賴。又或者，日本的設計文具種類豐富、造型可愛，還為了追求使用方便而費盡心思，因此大受外國人的歡迎。

幼時帶給我衝擊的「般若心經米粒」，象徵的就是這份靈巧、縝密、細緻，更重要的是，其中蘊含著雙親「祈求平安無事生下寶寶」的想法。**先有了「想法」，為了實現想法，磨練出創意巧思與技術，接著才能催生出前所未有、貼心而美麗的商品或服務。**這些是「一顆米粒」所帶給我的啟發。

以禪宗的思考，解鎖「日本企業的全球化策略」，就能遠離「大量生產，大量消費，大量生財」的商業模式，發揮日本人勤勉、誠實且靈巧聰敏的「特質」。

Chapter 2
該如何面對工作上的煩惱？

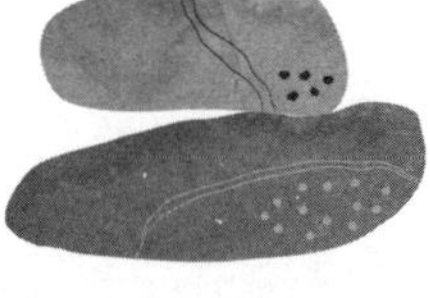

15

莫忘初衷，默默努力，就是工作的本分

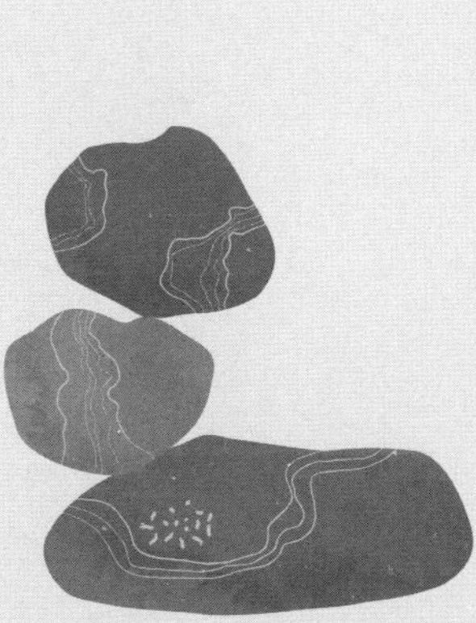

前幾天，我收到上班族M先生關於「考慮跳槽」的諮詢。M先生入社六年，相信自己對公司很有貢獻，工作上也很努力，但這些卻沒有反應在薪水和考核上。他因此心生不滿，認為：「既然公司不認同我，我就辭職吧。」我聽完他的話之後，送了他兩句「禪語」——

「初心不改」

「潛行密用」

「初心不改」這禪語出自禪宗問答集《碧巖錄》，意思是「**決定要做什麼的『決心』始終不變**」。

「潛行密用」則是唐代禪僧、也是中國曹洞宗開山始祖的洞山良价留下的話語，意思是「**掩人耳目，不使人察覺，對日常的瑣碎小事也不懈怠偷懶**」。

洞山良价寫的漢詩《寶鏡三昧》中也提到：「潛行密用，如愚如魯。」意思是「一個人不張揚、不出頭，像個愚魯的人，默默地盡善」。

曾經有一個人，在實踐了「初心不改」與「潛行密用」之後，人生有了大幅的拓展，他就是世界一流的主廚、「HOTEL DE MIKUNI[7]」餐廳代表——三國清三先生。

三國主廚從小就決心要成為漢堡排廚師。中學畢業後，他進入餐飲學校夜間部就讀，隨後便開始在人稱北方迎賓館的札幌格蘭大飯店學藝，起初在札幌格蘭大飯店擔任的工作，是員工餐廳的煮飯助手。

三國主廚抱持「看是要清水溝還是任何雜務，我都願意做」的想法面對工作，飯煮好之後，也會一手包辦宴會廳的洗碗工作，甚至每天晚上都留在廚房裡練習做菜，幾乎沒時間回員工宿舍。到了十八歲那一年，他已經升任為負責牛排煎臺的副廚，實現他小時候的「初心」。

後來，他離開札幌前往東京，開始在帝國飯店工作。儘管他在札幌格蘭大飯店是副廚，到了帝國飯店也只是區區一名兼職洗碗工。

過了兩年，他仍然無法成為正職員工，於是他開始考慮回北海道。他發誓：**「就算結局是必須回鄉，我也會親手把飯店內所有鍋碗瓢盆清洗得乾乾淨淨，**

不辱日本第一飯店的洗碗工之名。」並直接表示：「我不收錢，請讓我去飯店內十八間餐廳的後場幫忙洗碗。」

從此以後，他每天晚上做完自己的工作，就會去所有餐廳洗鍋子。這樣的生活過了大約三個月之後，某天，他收到有「廚神」稱號的帝國飯店村上信夫主廚，意想不到的提議。

村上信夫主廚說：「帝國飯店社長要求我『從六百位廚師中，挑選廚藝最佳者擔任日本駐日內瓦大使館的主廚』，我決定推薦你。」他挑選的不是正職員工，甚至是不曾在帝國飯店展現廚藝的洗碗工擔此重責大任。

三國主廚不管是擔任「員工餐廳的煮飯助手」或是「兼職洗碗工」，始終遵循自己的信念。絕不怠惰，忠厚老實地做自己該做的工作。而村上主廚就是注意到三國主廚這種「專心致志」，與憨直且持續努力的「堅強心智」。

即使看不見未來，仍不忘卻初衷，全力以赴面對眼前的任務，而且內心不受野

---

7 譯註：開業三十七年的老字號餐廳，於二〇二二年十二月底歇業。未來計畫轉型爲其他類型的餐廳。

心、世人的評價或私欲動搖，埋首苦幹。最後出現在三國主廚面前的，正是一條康莊大道。

回到M先生的疑問。

他一定也曾有過初心，曾經抱持著「我要在這家公司闖出一番成就」的志向與目標。為了達成初心，即使別人看不到也願意持續努力的話，我認為其實「跳槽也無妨」。

但是，M先生的問題在於他太在意他人的目光和評價，採取行動只是為了得到稱讚。

假使真是如此，那現在跳槽就時機太早，因為**一個人的價值，取決於在別人看不到時所採取的行動。**

別因為他人的評價好壞，或喜或憂。

跟隨自己的信念和良心，正直生活，我認為這樣才能走向你所企盼的未來。

Chapter 2
該如何面對工作上的煩惱？

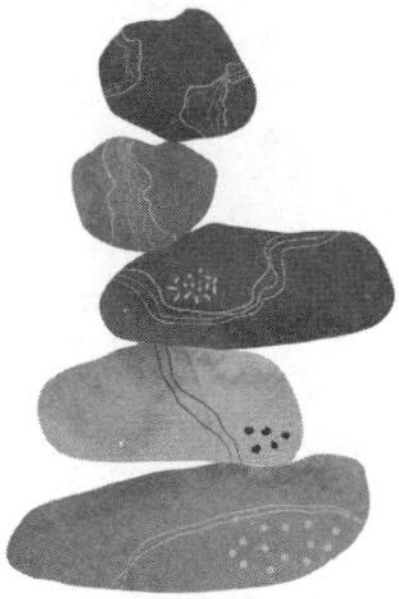

16

優秀的上司，是懂得把自己的工作託付給下屬的人

我認為，釋迦牟尼可說是「引出弟子天賦的天才」。而在背後支持佛教教團迅速發展的，則是人稱「十大弟子」的高弟們（弟子之中尤其優秀者）。他們各有不同的優異能力，因此分別有「〇〇第一」的稱號。例如：舍利弗是「智慧第一」，目連（目犍連）是「神通第一」。

領導教團的是釋迦牟尼，但教團不是由他親自管理，而是他在看出弟子的本領後，委由他們代勞。套用現代的組織理論來看，我會解釋成「佛教教團的繁榮興盛，是釋迦牟尼（上司）將權限下放給弟子們（下屬），讓他們自主行動、發揮本領的結果」。

釋迦牟尼的堂弟阿難，曾在釋迦牟尼身邊服侍很長一段時間，比任何人聽到更多佛法，因此人稱「多聞第一」。在釋迦牟尼入滅後，阿難參與佛經結集。前面提到，「結集」是憑著弟子們的記憶，將釋迦牟尼說過的話語編撰成「佛經」的會議，而主導結集的就是阿難。

我們現在之所以能夠接觸到釋迦牟尼佛的教誨，是因為阿難記住了許多釋迦牟尼說過的話，他也可說是佛教傳承後世的重要人物。

阿難是十大弟子中最晚開悟的。事實上，阿難是在釋迦牟尼佛入滅後才開悟，明明他待在釋迦牟尼身邊的時間，比其他弟子都長，為什麼沒能夠早早開悟呢？我推測恐怕是因為在阿難心中，他自認為自己是「侍從」、而不是「親信」，所以壓抑了本身的自主性。等到阿難接下「結集」大任時，在反芻釋迦牟尼教誨的過程中，注意到釋迦牟尼的真義，他也因此開悟了。

高層（上司）把部分業務的權限分給下屬，讓他們自行決策，組織才能有所成長。本田技研工業公司的創辦人本田宗一郎，能夠貫徹「技師」的角色，是因為他將公司的經營管理交由藤澤武夫全權處理。如果說本田宗一郎是技術的天才，那麼，藤澤武夫就是企業管理的天才。

後勢看好的企業中，必然存在擁有權限的「名參謀」。例如：與賈伯斯一同改變世界的蘋果電腦創辦人史蒂夫·沃茲尼克（Stephen Gary Wozniak）、與比爾·蓋茲一起創立微軟公司的保羅·艾倫（Paul Gardner Allen）、人稱軟體銀行集團孫正義會長的隨身小刀的宮川潤一等。

為了促進組織發展，全體成員必須盡可能發揮全力，因此，組織的領導者必須**積極將工作與決策的權限交付下屬。也因為交給下屬責任重大的工作，下屬才能夠培養出自律自主的習慣，進而成長。**

交辦工作時，重要的是配合對方的程度，並事先告知「動機（為什麼）」、「目標」、「方法（怎麼做）」、「期許得到的結果」。其中尤其要說明為什麼要做這**件事的「動機」，必須反覆提醒其意義。再來，就是一旦把工作交付出去，就別在進行到一半時插嘴干涉，最好信任並全權交給對方處理。**

受到信賴的人（被指派工作的人），會針對「動機」主動發想，進而思索出新「方法」。這麼一來，新「方法」就能逐步累積，成為公司獨有的技術、服務、或訣竅。

17

經營事業的方式合「理」時，就會開始獲利

我在三十二歲時創業，後來以佛學理念為基礎，打造員工和客戶都能受益的架構，並成立多家公司。三十八歲時，我決定回到佛寺，現在已經將事業全數移交或轉讓。

「營業額」與「利潤」是判斷一家公司經營狀況（業績）的重要指標，但我著重的不是「提升營業額」，而是「創造利潤」。有趣的是，**「經營」和「利益」，原本都是佛教用語。**

「經營」的「經」是指「線」，而織品是以「直線」和「橫線」交織而成。我的解釋是，「人道也是由直線和橫線交織組合構成」；這裡的直線是指「將規矩貫徹到底」，橫線則象徵「可自由變化」。至於「經營」的「營」，則是「從事」、「實行」、「持續努力不懈怠」的意思。同時採納「不變的事物（直線）」與「必須改變的事物（橫線）」兩者，兢兢業業過著自己的人生，就是「經營」的基本原則。再說到**「利益」，是指佛祖或菩薩賜予的恩惠，這些恩惠被視為是「為他人而做的行為」、「讓身邊其他人高興的行為」**，所得到的結果。

日本頂尖的寒天製造商伊那食品工業公司（長野縣伊那市）的塚越寬會長，是連豐田汽車公司的豐田章男社長都要尊稱一聲「師父」的經營者。他開發出生產寒天粉的技術，擴大了寒天的用途，因此獲得「黃綬褒章」勳章，也因為促成製造技術近代化，而獲得「旭日小綬章」勳章。

前不久，我有幸與塚越寬會長談話，塚越會長說：「我一直以來不追求數字，只專注於『打造幸福企業』的目標。『好企業』能夠從營業額數字判斷，但『幸福企業』的價值，無法以數字呈現。我的經營態度是必須打造員工都能幸福的公司，再透過幸福的公司，為社會貢獻。」

塚越會長心目中的「幸福企業」，不只是經營上的數字好看，而是與公司相關的人都會異口同聲稱讚的「好公司」。

員工會自動自發地在上班時間之前就到公司，拿掃把清潔環境或除草。開車上班進入公司停車場時，大家都不會「右轉」，因為如果幾十輛車都要右轉的話，後面的車就會堵住而導致塞車。員工下班後，在超市等地方的停車場，都會把車停在遠離門口的位置，空下靠近門口的停車位以方便孕婦、年長者、大量採購的人使用。停車場四周有種樹種花時，則會把車頭向著植物，避免廢氣污染。

伊那食品工業所培育出的員工，都非常重視「不給旁人添麻煩」、「儘管能做的不多，希望自己能夠幫得上忙」。這樣全公司上下一心，「忘己利他」（犧牲自我，體貼他人）的結果，是伊那食品工業連續四十八年營業額與獲利都較前年同期增長。

秉持著想要解決「某人的困難」，而不是追求「個人獲利」的想法，為他人或大眾付出，自然而然就能獲得「利益（好處）」。一家公司推行的事業或經營方式，只要「合理」就能獲利；反之則否。

我認為**所謂的利益（利潤），不過就是呈現事業經營好壞的結果**。

18

工作最重要的是「元氣」，而不是「錢」

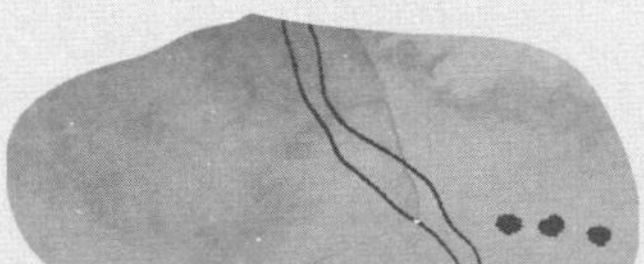

一提到工作，就會想到「錢」很重要，假如沒有營業額與利潤，公司就無法繼續經營下去。但我認為有個東西比錢更重要，那就是「氣」。

「氣」，是東方思想的中心，也是驅動世界的能量。唐代禪僧無業禪師主張對任何人都「莫妄想」。所謂的「莫妄想」，是指「**不要有偏離現實的白日夢與夢想，不要煩惱多思無益的事情**」。

人一旦受到「如果情況變成這樣，怎麼辦？變成那樣，怎麼辦？」「營業額如果不見起色，怎麼辦？」「景氣變差的話，怎麼辦？」「顧客如果不上門，怎麼辦？」諸如此類的負面想像囿限，「氣」就會轉弱。

自然界的能量，分成「大氣」、「空氣」、「天氣」。其中，驅動人的能量是「元氣」；人一旦失去元氣，能量減少，就會染上「病氣（生病）」。而驅動經濟的是「景氣」，也有人會說「景氣是社會整體的氣氛」。因此，**一份工作能否持續，比失去「金錢」都還要危險的，就是「弱氣（變膽小）」和「喪失力氣」**。

我的師父靈峰武三（福嚴寺前任住持），過去曾替在神奈川縣經營牧場的A先生解惑。對方表示：「牧場經營很辛苦，再不改善，我勢必得收掉從祖父手中繼承而來的牧場了，但我實在不知道該怎麼做才好。」聽完對方的煩惱後，師父看出「本質上的問題是A先生陷入妄想，失去力氣」，於是他說：「我了解了。請施主在佛祖跟前好好面對自己的心。」就把A先生帶往福嚴寺的正殿。

A先生朝正殿行禮後，正準備要丟香油錢，師父大聲一喝：「你此刻很猶豫不知道該給多少香油錢吧？你將牧場從谷底苦心經營到現在的規模，為什麼在面對佛祖時，還會介意香油錢的多少呢？『一百日圓太多，我決定給十日圓』，你的這種小心眼、小迷惘、小判斷，不也正在傷害著牧場嗎？在佛祖跟前，不可以猶豫迷惘，不可以妄想，不可以在意回程電車的車資。把手伸進錢包裡，抓到多少零錢，都直接丟進香油錢箱裡！」

聽完師父的一席話，A先生的心境有了改變，決定「繼續經營牧場」。他下定決心，說服銀行融資，並引進把牛糞變堆肥的機器。恰巧後來園藝開始流行，而新機器所製造的堆肥使用方便也不會有臭味，堆肥開始帶來了收益。

牧場經營好轉的關鍵因素，是A先生斬斷了「猶豫迷惘」，使心智不再受到妄想擺布，決心要當經營者，專注在「此刻能做的事」。結果，變得有「元氣」的A先生，也提升了公司的「景氣」。

決定不做就放手，決定要做就繼續前進。你需要的是經營者的態度。

別老在猶豫迷惘「我要去那家公司，還是留在這家公司？」也別去擔心尚未發生的未來。事業穩固的基礎，在於經營者隨時提醒自己「莫妄想」，避免「氣」的減少。

19

比起「努力」與「才能」，更重要的是面對工作的「態度」

一般人認為多數上班族闖出一番成就的源頭，是「努力」和「才能」。遇到有人問我：「有些人已經全力以赴卻始終無法出人頭地、得不到回報。相反地，也有人是初次登場就成功。想要端出成果，我需要的是努力還是才能？」我都會回答：「**努力和才能都需要，但面對工作的『態度』，才是造成結果差異的原因。**」成功者的共同點，在於「以真摯的態度面對工作」，以下這「三種」態度尤其重要。

①反常合道……乍看之下好像在做背離常識的事，其實合乎道理。

有成果的人，不侷限於常識，擁有不同於他人的想像。關鍵在於去嘗試有違世間常識的事、其他人不做的事、其他人反對的事。在股票市場有種玩法稱為「反趨勢策略」。為了獲利、取得結果，有時也必須採取與其他人相反的行動。

②身語意平等……自己的「想法」，與所說的「話」和自身「行動」一致。

想法、話語、行動一致的人，不存在「謊言」和「迷惘」，因此能獲得周遭其他人的全力支持。身語意分別朝不同方向的人，言行不一，也無法取得信賴。

③要行即行，要坐即坐……一有「出發」的念頭就出發，一有「坐下」的念頭就坐下，意思是「迅速行動」。

「即刻行動的人」與「遲遲不行動的人」，有很大的差別。

福嚴寺的前任住持，也就是我的師父靈峰武三，確實地實踐「反常合道」、「身語意平等」、「要行即行，要坐即坐」。為了實現「以福嚴寺為中心的慈悲世界」、「使佛寺成為大眾療傷、學習的場所」的想法，他努力做到身語意平等，並將檀家制度[8]改成會員制，並把零星的土葬墓地遷移改葬到新墓地上，專心打造符合新時代需求的基礎。【＝反常合道】

他於一九七六年三月設立學校法人福嚴寺學園，並於同年四月開設太陽幼稚園。蓋幼稚園需要花費上億日圓，身為寺院住持，當然沒有上億日圓的私產，因此，他主動四處奔走集資。【＝要行即行，要坐即坐】

師父沒有個人資產、抵押品、保證人，有的只有「夢想」。去銀行交涉融資事宜的師父，在分行長面前闡述「夢想」並鞠躬說：「現在的孩子們欠缺的是魄力，而培養感性和氣的教育，正是今後學校教育所需要的。我想要在太陽、花朵與山林的綠意環繞下，在蟲鳥成群的大自然山腳下，打造孩子們的樂園。希望貴行能夠助我們一臂之力。」

聽說，分行長受到前任住持的熱情感染，於是當場回答：「你沒有保證人吧？沒有保證人就無法申請融資，這樣的話，就由我來當你的保證人吧。」分行長對當天初次見面的前任住持如此「毛遂自薦」要當保證人。打動分行長的，就是師父的「態度」。

除了募集資金之外，招募學生也是前任住持親自上門。他在公園裡演紙戲給孩子們看，也親自發送傳單，加深寺院與家長之間的信賴，學生的人數逐漸增加。太陽幼稚園之所以能夠歡慶創立四十周年，正是因為師父隨時不忘實踐「反常合道」、「身語意平等」、「要行即行，要坐即坐」，進而得到多方人士支持與聲援的結果。

---

8 傳承自江戶時代，指以家族爲單位，將歷代葬禮、祭拜與法事交由特定寺院處理的制度。

面對工作的態度如果不正確，再怎麼努力也無法發揮才能。而若能實現「反常合道」、「身語意平等」、「要行即行，要坐即坐」，擁有不同於其他人的想法，言行一致，一旦決定「要做」就付諸行動，就是工作上取得一番成就的關鍵。

Chapter 3

避免受
金錢左右的思維

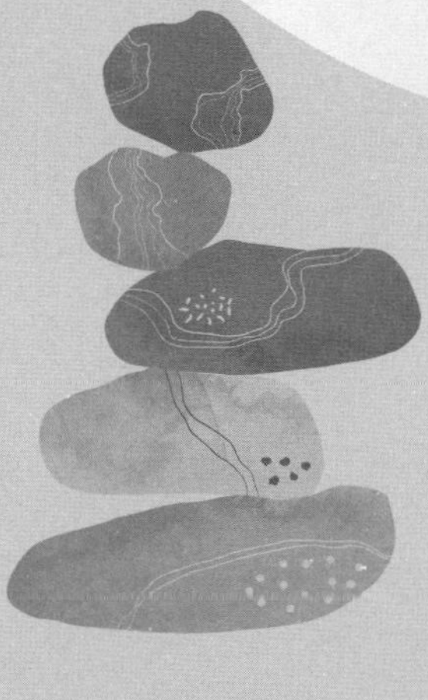

20

如何成為有錢人

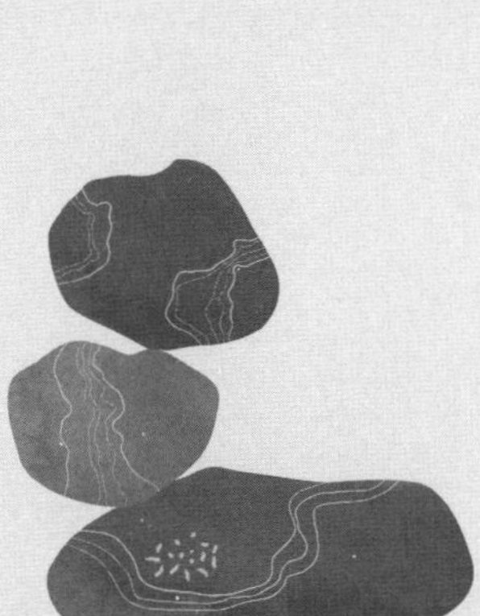

前幾天，有人問我：「釋迦牟尼說過『不可受煩惱與欲望的擺布』吧？既然如此，佛教是否反對賺錢？」佛教並沒有把有錢視為罪惡，也不反對賺錢。佛經《大莊嚴論》甚至提到，人要活得幸福，必須實現下列四項，分別是：

①無病第一利……健康
②知足第一富……生活安定
③善友第一親……結交善友
④涅槃第一樂……成為對他人有幫助的人活下去

從這四項訓示中，可看出釋迦牟尼所想的「面對金錢的方法」。

研究美國富裕階級的學界先驅湯瑪斯·史丹利（Thomas J. Stanley）博士與威廉·丹柯（William D. Danko）博士，曾對一萬名以上的億萬富翁進行採訪與問卷調查，並針對資產、年收入、職業、消費型態進行分析。結果發現，這些億萬富翁皆有以下共同點：

①有錢人懂得量入為出。

②有錢人懂得有效分配時間、精力、金錢，以達到資產目標。
③有錢人相信實際財務狀況比起看起來體面更重要。
④有錢人出社會之後，不接受來自父母的金援。
⑤有錢人的子女在經濟上能夠自給自足。
⑥有錢人很懂得掌握市場機會。
⑦有錢人懂得選擇適合自己的職業。

事實上，這七項億萬富翁的共同點，釋迦牟尼在兩千五百年前已經提過：

①有錢人懂得量入爲出（知足）

佛教的立場認為，「金錢對於生活安定是必要的」，重點是在於「知足」。釋迦牟尼說：「錢很重要，但不可過度追求。適合自己的身分與能力，就該滿足了。」

②有錢人懂得有效分配時間、精力、金錢，以達到資產目標（無病、善友）

有錢人理解身心健康的重要。以睡眠為例，為了降低文明病的風險，提昇整體表現，健康是最關鍵的要素。但是愈需要錢的人，反而愈輕視睡眠。此外，不管有多忙，對家人和重要的人付出的時間、能量、金錢都不能吝嗇，否則便無法建立健全的事業。

③有錢人相信實際財務狀況比起看起來體面更重要（知足、無病）

保持體面是虛榮的行為，而虛榮的外在，來自於不知道自己真正需要的是什麼（不知足）。虛榮的原因，也可能是缺乏自信、感到自卑，也就是心理上不健康的狀態。

④有錢人出社會之後，不接受來自父母的金援（善友）

佛教認為，父母、配偶、子女、師徒、上司和下屬都是善友。善友是兼具智慧與慈悲，能夠獨立自主的人。能與這類善友相處、建立互相栽培扶持的關係，才能成為有錢人。

⑤有錢人的子女在經濟上能夠自給自足（善友）

子女成年後仍然沒辦法自食其力的家庭，會隨著父母逐漸老去，整體生活愈來愈困難。

⑥有錢人很懂得掌握市場機會（無病、知足、善友、涅槃）

人人都會遇到市場機會，只不過早已做好準備的人，才能夠即時掌握。許多人因為身心不健康、自私自利、身邊缺乏良好的人際關係、缺乏自信、心智不夠穩定等等，而無法掌握住好不容易遇上的機會。

此外，再怎麼有錢，都沒有人能完全滿足「無病」、「知足」、「善友」、「涅槃」這四項條件。但是，經濟條件富裕的人在這四項條件之中，一定至少會有一項特別突出、或四項的總分很高。相反地，這四項條件中至少缺乏其中一項、或四項都很低分的人，就算市場機會近在眼前，也很難有辦法掌握。

⑦有錢人懂得選擇適合自己的職業（無病、知足、善友、涅槃）

多數狀況下，「適合自己的職業」種子，早在小時候就已種下。與年幼時喜歡、擅長和熱衷的事物有關，或延伸發展出的領域，就是適合自己的職業。只是把種子埋進土裡，種子不會發芽成長，還需要滿足適當的陽光、水、養分等條件，否則將無法結果。因此，「適合自己的職業」也需要無病、知足、善友、涅槃這四項條件，才能發芽開花。

史丹利博士和丹柯博士在研究億萬富翁後，得到的結論是「大多數的億萬富翁，都是從事尋常職業且有家庭的『普通人』」。那麼，為什麼這些普通人能夠成為億萬富翁呢？最大的因素就是他們不僅知足並且「努力勤儉」。

在禪寺有種說法，認為「有錢人分為四種」：

①有錢的有錢人……有錢，而且把錢用在「對人有幫助的事情」的人。
②有錢的窮人……有足夠的錢卻「想要更多」的人。花錢只為了滿足私欲。
③貧窮的有錢人……不太有錢，但遇到別人有困難就會拋出私產的人。
④貧窮的窮人……沒有實質金錢，心靈也匱乏的人。

「賺很多錢的人」不等於是有錢人。佛教對於「有錢人」的定義，是「生活品質符合個人收入的人」、「心靈富足、且願意花錢幫助困難者的人」。實踐「知足」的人將會富有，而把這份財富用於有困難的人身上，善行終會有善報，也將帶來更多財富，產生富的循環。

21

金錢是取得「真正重要東西」的工具

佛教主張小欲（少欲）、知足。「小欲」是指不過度追求自己所沒有的東西；「知足」則是滿足於已經擁有的東西。欲望一旦獲得滿足，一定會產生下一個欲望，而想要更多。因此，釋迦牟尼說：「不要過度擴張欲望，要懂得滿足，克制欲望。」

欲望，是現狀沒能獲得滿足的心情體現；若能對於已經得到的感到滿足，「想要更多」的欲望就會縮減。

過著質樸生活、人稱「世界最窮總統」的南美烏拉圭前總統荷西．穆西卡，將大部分薪水捐了出來。這位前總統在聽到自己被稱為「世界最窮總統」時表示：「**我認為，『窮人』是指擁有無盡欲望、不管擁有多少東西都無法滿足的人。但我過著只要有少量物品就滿足的生活，我很質樸，但並不窮。**」

（參見：《朝日線上新聞》／二〇一六年三月三十一日）

倘若藉由購物來滿足物質需求，內心卻很貧乏，那可就本末倒置了。擁有前述想法的穆西卡前總統，正是「小欲、知足」的實踐者。

過去我從某位出家人口中聽聞的教誨，正好展現出「小欲、知足」的本質。一位有智力障礙的孩子被送到某機構，該機構的老師希望孩子能夠好好在社會上生活，因此教他「花錢的方法」。下課後，老師擺出一日圓、五日圓、十日圓、五十日圓、一百日圓、五百日圓的硬幣，問孩子：

「這些錢之中，哪個價值最高？」

結果孩子指的不是五百日圓、也不是一百日圓，而是「十日圓」硬幣。不管老師問幾遍，他都是選十日圓。

「為什麼要選十日圓？」老師後來才注意到原因。

這個孩子每週會有一次可以使用公用電話打電話給母親的機會。機構裡的公用電話是舊式的轉盤電話，只能投入十日圓硬幣，孩子若要與母親通話，需要的不是五百日圓、也不是一百日圓硬幣。

老師問：「你選十日圓，是因為能夠與母親說話嗎？」

孩子回以微笑說：「是的。」

貨幣的客觀價值，與這孩子的主觀價值並不對等。客觀比較數字時，一百日圓、五百日圓硬幣，很明顯遠比十日圓硬幣更有價值，但是對孩子來說，更重要的是「與母親說話的時光」，而為了擁有這段時間，他需要的是能夠投入公用電話的硬幣。他只要有十日圓，就滿足了。

「金錢」不過是取得「真正重要東西」的工具。想要實現「小欲、知足」，第一步要反省自己的生活，找出對自己來說「真正必要」、「真正重要」的東西。接著，再進一步思考：「真正必要、真正重要的東西，要花多少錢才能得到？」等你明白「擁有多少錢能感到知足」，就不會只從金錢上尋求安定，或拚命地追逐財富了。

22

想要擺脫貧窮，就必須大方付出

如同前面提過的，佛教藉由「過著與自身收入相符合的生活」、「把錢花在有困難的人身上」，以製造「富的循環」。

但是，也有人反對這種論調。反駁者的理由是：「假如自己手頭寬裕，把多餘的錢分給其他人當然無所謂。問題是，我也過得很困頓，哪來的餘力付出？比起別人的幸福，更應該以自身幸福為優先，不是嗎？」

不過，無論手頭是否寬裕，「先對其他人付出」、「先幫助別人」，才是佛教教導的富裕方程式。

佛教有一則知名的寓言故事，叫做《三尺長筷》。有個男人去參觀「地獄」，看到罪人們全都圍著餐桌吃飯，餐桌上擺著許多豐盛的菜餚，但罪人們卻個個骨瘦如柴。

男人感到很不解，仔細觀察才發現，罪人們全都拿著長度超過一公尺（三尺）的筷子，因為筷子實在太長，就算他們拚命夾菜，也沒辦法送入嘴裡。有些人更是因此而煩躁發怒，搶奪別人夾到的食物，可說是醜態百出。

接著，男人去參觀了「天堂」。天堂裡大家和樂融融地坐在餐桌前，不過，天堂也跟地獄一樣，只有超過一公尺長的筷子。只是他們用筷子的方式不同：天堂的人夾菜之後，說了聲「請用」，就把菜餚送到其他人嘴裡；吃到菜餚的人則道謝並餵回去。天堂的人彼此微笑以待，互道感謝，用餐氣氛相當愉快。

地獄是「自己好就好」的相互競爭，反觀天堂，則是帶著體貼之心，「優先」禮讓別人，因此所有人都能夠好好用餐（參見：《華嚴的思想》鎌田茂雄著／講談社學術文庫）。

我認為這則寓言，正象徵著「**當你率先主動付出，別人也會願意為你付出**」、「**當你以別人的幸福為優先，別人也會重視你的幸福**」的循環。

我擔任住持的大叢山福嚴寺，建於一四七六年，創立至今已經五百四十餘年歷史，有時也會聽到「像福嚴寺這種規模較大的寺院，做法事等費用不少，應該很賺錢吧」這類無心的發言，但事實並非如此。前任住持武三和尚培育佛弟子、創立經營幼稚園，全是自掏腰包，四十年來從沒領過薪水。

福嚴寺之所以能夠延續超過五百多年沒有廢寺，並成為尾張地區居民們的信仰中心，全都是包括前任住持在內的三十位歷代住持（我是第三十一任住持），決心拋開私欲，為人們的喜悅犧牲奉獻，所換得的結果。

想擺脫貧困，就不該吝於為人付出。佛教的原則是「我為人人，人人為我」，可別等到獲得別人的好意，才想到要付出。

23

「如何正確賺錢」與「如何正確花錢」

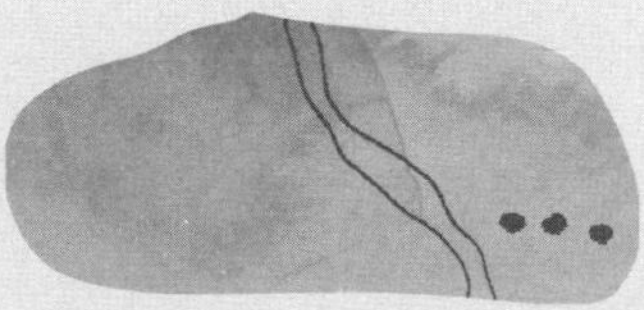

人世間的痛苦，多數來自欲望和執著，因此釋迦牟尼主張「小欲、知足」，希望眾人過著符合自己身分的生活。我在演講等場合，經常談到「小欲、知足」，有人也會錯誤地解釋成「不可以賺錢」。**事實上，佛教反而很肯定經濟活動，並教導我們「儘管賺大錢」，前提是花錢方式要正確。**

佛教經典中，也有談到「賺錢的方法」與「花錢的方式」。《增支部經典》這部佛經中，針對「有錢人的條件」，提及了以下內容：

「有位老闆，上午十分投入於業務，中午十分投入於業務，下午也十分投入於業務。滿足這三個條件的老闆，取得過去不曾擁有的財富，而且取得的財富也愈變愈多。」

「螞蟻努力工作，是為了收集食物，只要像螞蟻般辛勤，財富自然會增加，就像愈建愈高的蟻窩。用這種方式收集財富，其實能替家人帶來好處。」

關於花錢的方式，《增支部經典》中則奉勸「以工作取得財富、穩定生活之後，行有餘力就捐助他人」。

「除了把錢捐給窮人之外，也可以捐給出家人（進入適合修行的環境全心全意修行的人）。信眾的經濟狀況，應該要足夠布施給托缽的出家人。」

另外，《相應部經典》對於花錢的方式，也有具體說明訣竅，就是「把獲得的財產分成四等分使用」：

①用來安定個人生活（生活費）
②當作農業或商業等個人事業的資金（投資）
③借人收利息（投資）
④存款（儲蓄）

《增支部經典》與《相應部經典》的共通之處，在於都提到「全力以赴、好好工作賺錢，待個人生活安定後，多餘的錢如果不存起來，就用在其他人身上」。**佛教認為，執著於儲蓄，不把錢用於自己也不用在他人身上的人是「愚者」；而得到財富之後，不但用在自己身上，也用於有困難的人身上，這種人稱為「智者」。**

在日本暢銷多年的《日本最了不起的公司》（朝出版），全系列共有六冊，作者坂本光司是前法政大學研究所政策創造研究科的教授，專門研究中小企業的經營策略。

坂本教授耗時超過四十年，實際走訪日本全國各地約八千家的企業進行調查，得到的結論是「注重利己主義的企業，總有一天會倒閉」。他還直言所謂的公司經營就是「盡到『對五類人的使命與責任』的活動」，甚至進一步介紹使五類人幸福的順序。

而這五類人，以及使他們幸福的順序是：

①員工與其家人
②上游供應商的員工與其家人
③顧客
④公司所在地的居民
⑤股東和出資者

按照這個順序，分配利益的行為，就是「智者」的經營方式。相反地，採取股東為優先、短視近利等利己主義的行為，則是「愚者」的經營方式。

賺很多錢並非壞事，有問題的是把賺來的錢存起來，或只用在自己身上。**「腳踏實地工作，賺很多錢，把錢花在自己和別人身上，製造正確的循環。」這就是佛教所教導的「經濟活動該有的樣子」。**

Chapter 4

該如何面對疾病或健康的問題？

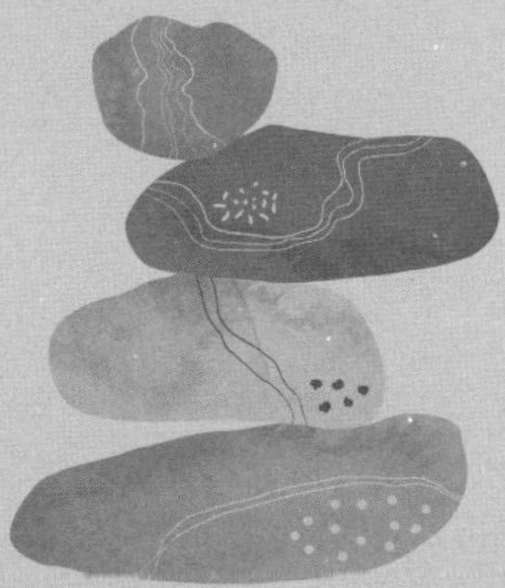

24

當死亡來臨，擺脫迷惘最好的方法是平靜接納

「遭逢災難時，就去面對災難；遭逢死亡時，就去面對死亡。這就是避開此等災禍的妙方。」

這是十八、九世紀的曹洞宗和尚大愚良寬，寫給山田杜皐的問候信其中一段內容。山田杜皐在一八二八年發生的新潟三条大地震中，失去了孩子。

即使遭遇災難，也不要慌亂，接納困難的狀態。當死亡的時刻來臨，也平靜接納死亡。災難和死亡都是自然定律，無論我們多麼努力，都無法逃離。**良寬和尚認為既然如此，那就認清並接受現實，不站在困難的對立面，而是面對真實的自己，這就是「擺脫內心迷惘的最好方法」**。

家母的朋友劉永鎮先生剛發現自己罹癌時，感到憤怒不解：「為什麼只有我遇到這種事！」但是信奉佛教的他，很快就注意到憎惡癌症、怨歎自身處境、想要對抗疾病的瞋恚（音ㄔㄣ ㄏㄨㄟˋ，氣憤發怒、憎惡、怨恨等負面情感在佛教稱為瞋恚，也是人類必須克服的痛苦根源），正在腐蝕自己的身心，於是決定與疾病共處。

他開誠布公地說：「生病我無能為力，註定要死，我也無能為力。不管是上了年紀或生病死亡，都是大自然的法則，掙扎也沒有用。」於是遵循佛教教誨，保持內心平靜，把念頭切換成「活在當下」。當然，生病的狀況不能不處理，他就心甘情願地去醫院接受治療。

現在的劉先生，不再受到「無論如何都必須解決癌症」的瞋恚囿限，坦然接納了生病的自己，沒有感嘆死亡的考驗，只是無怨無悔地活在當下。他在佛前祈禱，也積極進行菩薩行（積極成就助人之事）。幸運的是，至今仍然很有精神，癌細胞的範圍也縮小了。「遭逢死亡時就去面對死亡」，拋開對活下來的執著，消除壓力，以結果來說，症狀或許就會有所改善。

福嚴寺的會員（檀家）之中，有很多八十五歲以上的人。我向這些健康的會員們打聽「長壽的祕訣」時，多數人都說出了同樣的答案：

「**就算生病也不驚慌失措**」

「**就算生病也總是假裝沒事，淡然、嚴肅地和平常一樣過日子**」

針對癌症，有各式各樣的治療方式，包括手術、化療、放射治療、食補等，但是，站在佛教的觀點還有一種療法，就是「接納」。

生老病死沒有例外、也沒有任何人可以逃避。既然如此，不妨想想：「剩下的人生，打算怎麼過？」若能真心接納「生老病死」，就能遠離對死亡的恐懼、對活著的執著，並找回內心平靜。這就是來自釋迦牟尼的教誨。

25

只要以理所當然的態度，
做「理所當然的事情」，
便能保持身心健康

曹洞宗有「綿密」的宗風，而對日常生活觀察入微，稱為「行事綿密」。曹洞宗的開山始祖道元禪師，在佛教思想書《正法眼藏》的〈洗面篇〉中，介紹刷牙的方式，提到：「細細咀嚼楊枝，像在摩擦一樣刷洗牙齒正面和背面。齒根（牙齦）表面也要仔細刷洗。牙間也要用楊枝仔細剔過刷洗，接著刷洗舌頭。」洗臉的方式也詳細規定：「舀取浴桶裡的熱水，刷洗額頭、兩邊眉毛、雙眼、鼻孔、耳朵、頭頂到臉頰的油脂污垢。耳朵後側和眼皮內側也要清洗。不可浪費熱水，水不可自浴桶濺出，口沫與冷水不可混入浴桶裡」。

此外，《正法眼藏》的〈洗淨篇〉，甚至規範排泄的方式（廁所的使用方法）：「前往廁所時，一定要攜帶手巾（手帕），攜帶方法為將手巾對摺成一半，掛在左手肘位置的衣袖上。一進入廁所，就把手巾掛在竹竿上，掛法與掛在手肘上一樣即可。假如穿著袈裟，請把袈裟掛在手巾旁邊，必須確實掛好避免滑落，不可隨意披掛」、「上廁所時，不可弄髒前後左右，排泄時不可說話」、「清洗臀部時，右手持淨桶，左手充分打溼後，以左手舀水，首先清洗小便部位三次，接著清洗大便部位三次。洗淨必須按照規定，隨時保持乾淨。」

而我這個人的性子比較不拘小節，在曹洞宗的根據地總持寺修行時，甚至心生反抗，心想：「何必要有那麼多瑣碎的規定呢？」儘管不喜歡，在遵守規矩、綿密行事的過程中，我的身心狀態卻逐漸變得健康。

我大學一畢業就在總持寺修行，也很珍惜在曹洞宗大本山的每個瞬間，認真過著修行生活。剛到的前十天，我的體重從七十七公斤降到六十二公斤，掉了十五公斤之多，原因之一可能是飲食內容改變，但我認為，最主要的原因是尊重「規矩」，貫徹行事綿密的緣故。

在開始修行前，我的日常生活總是「差不多」、「隨心所欲」、「隨便」、「輕鬆就好」地度過。但在進入禪寺之後，從刷牙、洗臉、上廁所、用餐、脫衣服到鋪床的每個動作，都有規定的步驟流程。**行動時注意舉手投足的每個動作，就會消耗許多能量，最後身體自然就變結實了**。

此外，**按照步驟、花時間刷牙洗臉，漸漸地，就會發現洗淨的不只是「身體的髒污」，也一併洗去了「心靈的塵垢」和「內心的污穢」**。使我在進行刷牙、洗臉這些日常生活中理所當然的微小舉動時，產生莫大的成就感。

按照規矩刷牙這件事，說到底就是「認真活好自己的人生」。心理學家、也是早稻田大學名譽教授的加藤諦三提過：「煩惱的人不理解自己現在的煩惱，是過去的生活方式累積下來的結果，也不了解過去經年累月隨意生活製造的『污垢』，會變成煩惱的模樣顯現……（中間省略）隨意對待日常生活的微小瑣碎之處，長期下來就會變成污垢，附著在身上。」（參見：加藤諦三教授網站「加藤諦三的話——精神疾病患者的要求特徵3」）

教授的這項解釋非常的佛教，而我也抱持相同意見。

衣服的穿脫、洗臉、洗手、排泄、用餐、清潔等基本生活習慣，我們或許都做得太過「隨便」了。這樣的「隨便」，會變成「污垢」和「煩惱」，折磨我們。

因此，用心去做日常生活的每個小動作，對理所當然的事情認真以待，這麼一來，我們的身心也會變得更健康。這就是道元禪師的教誨。

26

不依賴藥物，也能維持健康的方法

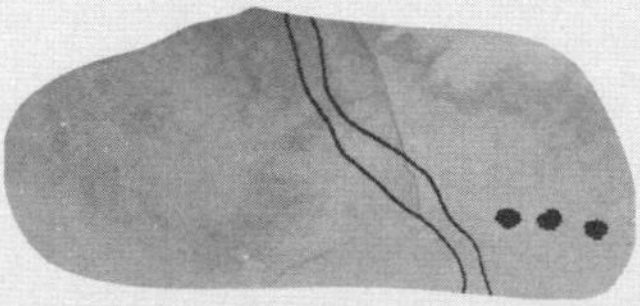

猜猜看，最「長壽的職業」是什麼？

根據福島縣立醫科大學森一教授的報告〈一九八〇年到一九八二年的十種職業群體的平均死亡年齡與死因調查〉，最長壽的職業是「和尚」。

令人驚訝的是，這份報告指出，「和尚」從奈良時代（西元八世紀）起，就是個長壽的職業（參見：讀賣新聞YOMIURI ONLINE「讀醫生」／二〇一四年五月二十三日）。這項調查距今已經超過三十年，但現在長壽的和尚仍然不少。

為什麼和尚很長壽？我在想和尚之所以能夠長壽，是因為不隨便依賴藥物，遵循「本來面目」。佛教認為，「所有人打出生就具有原始的力量（本性）」，這種力量稱為「本來面目」。

舉例來說，櫻花樹在春天過後花開凋零，生命仍會持續，一到夏天就會長出花芽（會在隔年開花的花朵嫩芽），秋天落葉，冬天沉睡，等到春天再度來訪，花芽就會成長開花。櫻花能夠年年持續盛開，就是因為具備「自然的力量」（本來面目）。

從醫學角度解釋的話，**「自然的心性」就是「天然復原力」與「免疫力」**。因此，**為了發揮「本來面目」**，禪宗相當重視「睡眠」。

我開始在總持寺修行之後，多數的小僧（正在修行的和尚），在陌生環境總是會因為壓力累積而感冒，我也因此而感冒過。到了最後，我訓練出健壯的體魄，不再感冒，即使是在下雪天光著腳托缽的嚴苛修行，身體也沒有出狀況。小僧之所以能夠逐漸變得健康，我認為就是因為「日出而作，日入而息」的循環，發揮了「本來面目」（提昇天然復原力與免疫力）。

東京醫科大學發表的研究結果顯示：「在年輕的成年族群中，夜晚少用網路和智慧型手機的人，尤其能改善睡眠狀況，有助於恢復疲勞。」（參見：東京醫科大學網站「睡眠時間的確保與睡眠品質的提昇」）

回到一開始所說的，和尚自古以來就深知：「高品質的睡眠，可提升天然復原力與免疫力」、「好好睡覺，身心都健康」，因此和尚的健康，正是來自早睡早起的規律睡眠。

重考生M來找我諮詢時說：「我好難專心讀書，有時也會質疑『為什麼非得用功不可？有必要為了上大學，把自己搞成這樣嗎？』一點動力都沒有。該怎麼做，才能夠提升專注力呢？」

我的回答很簡單明快，就是「別念書了，快去睡覺」。

英國的神經科學家安卓恩．歐文（Adrian Owen）教授表示：「睡眠不足將會大幅減少前額葉和頂葉的活動，嚴重影響到決策、解決問題、記憶的能力。」不規律的睡眠也是注意力缺乏的原因。睡眠不足將會導致思考、記憶事物的認知功能下降，妨礙專注力。（參見：「BBC NEWS JAPAN」二〇一七年七月十日）因此，當怎麼做都記不住課本內容的時候，最理想的做法就是「不要太晚睡，立刻躺上床睡覺，早上再心情放鬆地醒來」。

M同學聽取了建議，晚上十點睡覺，睡到自然醒來。他說，調整作息到第三天就找回了幹勁。消除睡眠不足的問題後，他才能夠冷靜思考「我為什麼要念書？」「我為什麼要上大學？」並且找回讀書的動力。

他提醒自己「覺得迷惘就去睡覺」、「覺得疲憊就去睡覺」、「覺得厭煩就去睡覺」，結果一個月後，成績突飛猛進，成功考取第一志願。

另有一位煩惱過食症的主婦也曾經找我諮詢。她說：「情緒低落時，曾經考慮殺了孩子再自殺。我無心做家事，最近老是自己一個人躲起來看電視或上網到深夜。我沒有做到身為母親、妻子應盡的責任，這樣的我，也有生存的價值嗎？」

我給的回答與M同學的一樣——「早點睡覺，晚上想睡時就睡覺，早上睜開眼就起床，找回理所當然的作息循環。然後，不管是打掃或備餐，從自己可以做到的程度開始，就算只有一點點也沒關係，只要從自己能做的開始就好，試著完成該做的事情。」

一個月過去，我收到她的來信，信上寫到：「得到您的建議後，我不再熬夜，開始早點睡覺，進度雖然緩慢，但我的心情逐漸變得積極正向了。過食症雖然還沒有治好，但我現在已經可以為老公小孩做飯、洗衣服、打掃。他們兩人也很替我開心。我想看到更多他們的笑容，所以會努力成為賢妻良母。謝謝您。」

隨著醫療進步，我們開始有了依賴藥物、治療或手術的傾向。身心健康原本就能夠憑著自身力量維持，因此，我們必須養成規律的睡眠習慣。**睡前放鬆，不要給大腦過強的刺激，避免三溫暖、吃飯、喝酒、智慧型手機、打電動、工作等。高品質的睡眠，就是最適合人類天性的健康方法。**

27

吃飯不是為了填飽肚子，而是支撐生命健康的泉源

禪宗習慣在用餐之前，觀想「五觀偈」，這個舉動稱為「食存五觀」。所謂的「五觀」，是指和尚必須記住的五個用餐心態，而「偈」則是「以詩句形式講述的佛教道理」。地球萬物皆有生命，因此我們吃飯時要心懷感謝，提醒自己是在「享用生命」。

- **五觀偈**（附上白話翻譯）

①計功多少，量彼來處

思考眼前的一餐是從何而來，感謝大自然的恩惠與許多人的勞動。

②忖己德行，全缺應供

反省自身的德性，是否有資格享用這頓珍貴生命與勞力換來的糧食？

③防心離過，貪等爲宗

用餐時保持心境清朗公正，避免犯貪瞋癡（貪慾、憤怒、抱怨）這三種過錯。

④正事良藥，爲療形枯

食物是一種良藥，要為了保養身體，獲得健康而吃。

⑤爲成道業，應受此食

為了延續生命、繼續修行，因此領受今日飯菜。

大學時的我，過著餐餐大魚大肉的生活，直到開始在總持寺修行，才學到食物與生命息息相關，明白食物是活下去的根本，如果不重視吃飯，肉體就會衰弱。我從小就有過敏性氣喘與肌膚乾燥問題，但改成吃素之後，症狀都有了改善，就像「五觀偈」所云，食物是人體的「良藥」。

我的師父在一九七六年設立學校法人福嚴寺學園，並於同年四月開設太陽幼稚園，也積極推廣飲食教育。但我感覺到，最近幾年有愈來愈多家長對於三餐漠不關心、不作思考、缺乏規矩，不考慮食材也不在乎營養，就算用了食品添加物、加工食品也不以為意。若只是把食物擺在餐桌上，是不可能維持生命的。孩子們的身心出狀況，原因之一就是暴飲暴食。我認為，繼承「禪的飲食生活」的優點，就是實現健康飲食的關鍵。禪的飲食生活，有下列六點特徵：

①多吃納豆、味噌、日式梅乾、醃漬黃蘿蔔等發酵食品（酵母菌有對抗腸道壞菌的重要功效）。

②少吃麵粉（麵粉含有麩質，麩質會增加腸道壞菌，也會導致消化不良、阻礙營養吸收、便秘、腹瀉、水腫等問題）。

③飲食均衡（肉類、魚類、青菜等均衡攝取不偏食。主食、主菜、配菜基本上要考慮到營養均衡）。

④調味不宜過重（調味過重的飲食，多半使用大量糖、鹽）。

⑤在過餓之前吃（肚子一旦太餓，就會不小心吃太多。在過餓之前用餐，吃到六分飽也會感到滿足）。

⑥花時間細嚼慢嚥（「食存五觀」，帶著感謝之心進食）。

和尚長壽的祕訣，不是只有睡眠，「飲食」也是維持生命的重要一環。吃東西不單是為了吃飽，更是為了讓自己過得更健康。花心思決定菜色，避免不知不覺飲食過度，就是邁向健康的捷徑。

28

「每天帶著使命感而活」，就是健康長壽的祕訣

日本人的平均壽命年年增加，超過百歲的人瑞已達七萬多人，創下歷年最高紀錄（參見：厚生勞働省公告／二〇一九年九月十三日）。

根據日本知名「青汁（蔬菜汁）」品牌「Q'SAI」進行的調查顯示，**健康活到一百歲的人「大約有七成每天都會進行使用腰腿的運動或輕度勞動」。「大約五成在家中或養老院等機構，從事某些工作或例行活動（包括灑掃庭院、拔草、務農等）」**（參見：「Q'SAI」輕鬆漫步到百歲／百歲百人實況調查 二〇一七）。

二〇一三年，以一百一十六歲高齡過世的木村次郎右衛門是「史上最年長的男人」，他也是持續務農到九十歲才退休。

佛教提到，「在家鄉或家中擁有自己的任務」就是健康長壽的祕訣。

道元禪師曾在中國的天童山景德寺修行。某個大熱天裡，典座（負責禪寺飲食的人）老和尚在院子裡曬香菇，老和尚的背部彎曲如弓，眉白如鶴，頭上沒戴斗笠，汗水從額頭流下。道元問了老和尚的年紀，得知對方「六十八歲」；當時的六十八歲，可能相當於今天的一百多歲。

眼見老和尚的模樣很吃力，道元上前關心說：「您別自己來，找個年輕人幫忙吧。」老和尚卻回答：「他不是吾。」

「他不是吾」的意思是，「由別人去做，就不是自己做的了」、「交給自己的任務，讓他人去執行，就無法成為自己的修行」。

道元於是更進一步勸道：「就算如此，現在正熱，何不等到太陽下山、氣溫涼爽些了再做呢？」老和尚又回答：「更待何時。」意思是「現在不做，要等到什麼時候做？」「現在做才有意義」。

老和尚說的「他不是吾，更待何時」這句話，明白展現禪心的含意，同時也告訴我們，「**每天帶著使命感而活**」就是「**健康長壽的妙方**」。

我在印度遇見的一位九十歲老人，也是帶著使命感生活。這位老人每次看到蠻荒道路上留下的車轍（輪胎印），都會默默把凹洞鋪平，消除輪胎痕跡。

我問他：「整路是你的工作嗎？」

老人笑著回我說：「不是。但車轍放著不處理，可能導致卡車翻車，所以不能不管。我不是為了錢，只是認為這是唯有我才能完成的重要使命。」

「使命」即「使」用生「命」。或許找到「自己能做的事」、「自己該做的事」，並為這些事情使用生命，就是「長壽的祕訣」。

29

出家人之所以長壽的原因

知名高僧多半都很長壽，例如：法然上人八十歲，親鸞上人八十九歲，榮西禪師七十四歲，一休禪師八十八歲。這些人在四十歲就算高齡的時代，都稱得上相當高壽。

前面提過的福島縣立醫科大學森一教授的調查中提到，出家人長壽的原因是「飲食」和「冥想」。

① 飲食……避免飲食過量，注意養生。

② 冥想……預留冥想時間，保持精神上的從容。

我對這兩項原因也十分贊同。在禪寺裡，「飲食」也是修行的一環，因此會避免過度飲食，每天會在固定時間吃下低卡低脂的素菜。禪寺吃「粥」的習慣，便是來自道元禪師的「粥有十利」（粥有十種好處）的觀念。

日常的「冥想」，是放鬆身心的重要方式。出家人也是人，有時也會煩惱、焦慮不安、感情用事。

不過，**出家人看起來總是從容不迫，這是因為他們利用打坐、冥想和誦經，平**

復「憤怒」、「悲傷」、「擔憂」、「多慮」等情緒，使自己不受影響的緣故。

除了「飲食」、「冥想」之外，與長壽有關的另外三個原因是「**睡眠**」、「**呼吸**」、「**運動**」。

我每晚都睡得很熟，甚至不會作夢，也沒有「半夜醒來好幾次」、「感覺沒睡好」的情況。「睡眠」品質好是因為「早睡」。禪寺的和尚晚上十點就寢，黎明前（早上四點到五點）起床。我過去也曾擔任整復師，提供睡眠指導，我告訴患者，如果想要改善睡眠品質，「早睡」比「早起」更重要。我建議仿效禪寺和尚的作息，晚上十點之前就寢（早上自然會睜開眼睛醒來），試行三天看看。光是這樣做，身體代謝和大腦的運轉速度就會大幅加快。

接著是「呼吸」。長壽要從「氣息長」開始。**和尚打坐誦經時，會長長吐出氣息，緩慢的深呼吸能夠提高副交感神經的作用，具有放鬆效果。**

最後一項是「運動」。禪寺生活經常需要活動筋骨，比方說，打掃。我修行時待過的曹洞宗根據地總持寺，走廊全部串連起來可達八公里長，每天都要拿抹布擦拭地板。正殿的寬敞程度足以鋪滿一千零八片榻榻米，卻不能使用掃地機器人等工具，因此，寺院的打掃工作經常都是全身運動。

出家人長壽的原因，就是把①飲食、②冥想、③睡眠、④呼吸、⑤運動這「五項」，自然融入於日常生活中。

除此之外，我認為釋迦牟尼的「某個教誨」也是出家人長壽的原因，那就是——**「不可傷害自己的心」**、**「必須珍惜自己」**。

佛教在上千年的歷史中，始終都在排除「傷害自己的事物」。這麼做的目的，不是為了長壽；而是在探究如何生活才能夠在「不傷害自己也不傷害別人」的同時，得到長壽的結果。**釋迦牟尼之所以勸諫傷人行為，是因為說別人的壞話與對別人的批評責難，總有一天會反撲回來，傷害到自己**。只要不傷害別人，自己就不會受傷；只要不傷害自己，別人就不會受傷。

實現這「五項」，不僅會更健康，自己和他人也會更接近幸福人生。各位何不珍惜自己、珍惜他人，試著採用禪寺的方式生活呢？

Chapter 5

如何面對有關孩子、家庭的煩惱？

30

你都不屬於自己了，怎麼會把孩子當成所有物？

痛苦產生的原因之一，就是「執著」。「希望情況是這樣」的念頭稱為「執著」。釋迦牟尼認為，「我們的世界，全都是一些無法如我們自己所願的情況」。

來找我諮詢的T子，是一位家有小學低年級智力障礙孩子的母親，她對於孩子的未來感到很悲觀，自責「生下這樣的孩子」，也糾結在「為什麼自己不是正常孩子的母親」。折磨著這位母親的，是「我想要養育我理想中的孩子，想要成為我理想中的母親」的執著。

釋迦牟尼指出：「孩子原本就不會成為父母理想中的模樣，因此父母期待『孩子成為某個模樣』是錯誤想法。」問題是，這位母親就是卡在「孩子出生前想像的理想模樣」與「現實」之間，才會產生煩惱。

我的朋友之中，也有人是智力障礙兒童（A小弟）的父親。我曾詢問他，在暑假期間能不能把A暫時託付在我們寺裡。

福嚴寺有附設幼稚園，所以他的兒子可以跟其他園童一起玩耍。但我朋友拒絕了，他說：「照顧身心障礙的孩子不容易。這個孩子不會照著大人想要的樣子行動。況且A不曾離開家，我會擔心。」我告訴他那些都沒關係，接下來就與A小弟一起生活了一個月。

我朋友有「不能把智力障礙的孩子託付給其他人」的執著，但是等他看到從佛寺返家的孩子很有精神的模樣，實際感受到「可以把孩子託付給其他人」、「有人願意接納這孩子」，心情上也輕鬆了許多。智力障礙兒童「必須由父母自行保護」、「必須仰賴父母的力量生活」等想法，不過是先入為主的偏見。

我把朋友和A小弟的事情告訴T子，說：「不要替孩子決定哪些事情他辦不到，對待他要像對待普通孩子一樣。另外就是，請不要獨自承擔一切，相信你身邊的人，有時也可以把孩子託付給別人。」

收集釋迦牟尼教誨的《法句經》（真理箴言）中，留下這首詩：「想著『我有孩子等於我有財富』的愚者很煩惱，但自己都不屬於自己了，為什麼會認為孩子是自己的所有物？為什麼會認為財富是自己的所有物？」（參見：《佛陀的真理箴

言 有趣的箴言》中村元譯／岩波文庫）

世上萬物總是不停在改變，沒有任何東西可以恆久不變，這就是佛教說的「諸行無常」。

無論是自己、財產、孩子，全都是無常的存在，也必然會改變。然而，我們面對自己身處的環境，卻總是執著「希望不會改變」、「希望保持現狀」。

釋迦牟尼認為，希望「無法如願的事物保持現況」的執著，就是一切痛苦的根源。放下「孩子必須這樣養育」、「我必須成為這樣的母親」的念頭，捨棄每個「應該要這樣」的執著，就能夠逐漸擺脫痛苦。

31

真心斥責，真心擁抱，真心信任。
當父母不敞開心胸，
孩子也不會打開心房

我曾收到過「這孩子不聽父母的話，希望您好好喝斥他」、「這孩子太依賴父母、不夠獨立，我希望師父說說他」這類關於養育子女的諮詢。「喝」是禪師發出的斥罵聲。要求我罵孩子不要緊，但通常在我仔細了解家裡情況後就會發現，應該被喝斥的不是孩子，反而是「父母」。

一位在岐阜縣開診所的醫生找上我，說：「我的兒子已經重考大學第三年了，而且都不聽我的話。希望大師好好教訓他，改善他的生活態度。」他為了讓兒子考上醫學院，在東京租房子給兒子住，送兒子去重考班補習，可是兒子「不肯讀書，老是在玩」。當父親一說：「你如果無心念書，就放棄考試，回來岐阜。」兒子就會反抗：「你叫我回岐阜，威脅說要斷了我的生活費，都是因為你不愛我。重考班裡也有考了六次、七次的前輩，我才三次而已，你是在不滿什麼？我一看到爸爸就知道當醫生很賺錢，所以不管重考幾年，我都要當醫生，我想要賺大錢。」

他們一家三口來到福嚴寺拜訪，我聽了他們的說法之後，發現「兒子不聽話，或許是因為父母對兒子不用心」，原因在於父母認為「讓孩子生活不匱乏是父母的責任」、「呼應孩子的要求是父母的義務」。

禪語有句話叫「露堂堂」。

「露」是「顯露」，「堂堂」是「沒有任何隱瞞的樣子」。「露堂堂」是指「凡事毫不掩飾展露出來的狀態」。孩子不聽話的時候，多半是父母親沒有「真心」相待，反而對孩子小心翼翼、客套疏離、避免爭執。**父母沒有敞開心胸、展現真心，而是有所隱瞞，所以孩子不聽父母說的話。**

我希望這位父親能夠與兒子面對面說出真心話，因此對他說：「請你好好面對你的兒子，與他真誠地一決勝負。別逃避教養小孩這件事。」

隨後過了兩年，我收到那位父親的來信。

信上寫到：「那天，您傳授的『露堂堂』禪語，使我醒悟。兒子不聽話的責任，是在沒有好好面對兒子的『自己』身上。我與兒子談過幾次，有時或許會爭執，但當我改變自己，兒子也逐漸跟著改變。後來，兒子順利考上醫學院，現在是勤勉的醫學生。我的教養之路還沒有結束，但我將帶著覺悟與決心面對孩子，希望彼此能夠坦然說出真心話。謝謝您。」

真心斥責，真心擁抱，真心信任，當父母認真面對孩子時，孩子一定會感受到父母的心。

32

孩子在世界上「最愛的地方」

你認為，孩子「在世界上最愛的地方」是哪裡？

答案是，有父母的「愛」包圍的空間。

父母對子女的「愛」，在佛教裡分為兩種，分別是「慈愛」與「悲愛」。「慈愛」是希望孩子幸福的情感。「在任何時候，爸爸媽媽都保護著你、愛著你。」這種無條件的愛，稱為「慈愛」。而對於孩子的悲傷痛苦「感同身受」，因此想要消除悲傷痛苦，成為「孩子的助力」的情感，稱為「悲愛」。**有「慈愛」和「悲愛」環繞下的場所，就是孩子在全世界最喜歡的地方。**

因為經營學校，我平時也很關心兒童教育。某次，我在當地的兒童館遇到小學生A，那天是週日，A下課後來兒童館玩。我問他：「你吃午飯了嗎？不先回家吃飽飯再來玩嗎？」他回答：「如果肚子餓了，我會去便利商店買東西吃。我每個月都有一萬日圓的零用錢。我身上有錢。」

A的母親因為「忙著與其他同學的媽媽共進午餐或逛街」、「懶得做家事」、「想要有自己的時間」種種原因，很少陪孩子。換句話說，A的家庭缺乏「慈愛」

和「悲愛」，所以A不愛回家，也無處可去。他的母親認為「孩子每個月有一萬日圓零用錢，而且朋友很多，所以用不著擔心」，而A也的確是人氣王；可是那些人氣不是因為A本身，而是向著他的「錢」。A是靠著「錢」，與班上同學建立關係。A的身邊聚集很多人，是因為他會請同學吃零食、喝果汁，去電玩遊樂場玩也是他出錢。但是，他的母親只看到孩子的表象，對於真相一無所知。

後來某天，我見到了A的母親。我對她說：「請多擔心孩子。A一定感到很寂寞。孩子需要的不是錢，而是母親的『心』。」在那之後，A不再自己在外面買零食填飽肚子，也不再去電玩遊樂場遊蕩，在母親開始懂得「擔心」後，對A來說，自己的家就成了「最愛的避風港」。

回想自己小時候，我最喜歡的地方也是我家（福嚴寺）。某天放學回家，我看到父親留下一張字條，上面寫著：「在爸媽回家前，希望你在那個房間做完〇〇〇。」待我和妹妹一起完成父親交辦的任務後，房裡又出現另外一張字條，寫著：「接下來去另一處房間完成〇〇〇」。父親留下好幾張字條，我和妹妹就按照字條上的指示進行任務。最後來到了「冰箱」，冰箱上也貼著字條，寫著：「謝謝你們的幫忙，你們可以吃冰箱裡的甜點。」於是我和妹妹很開心地享用了點心。

我想，我的父母一直都有自覺「自己很少有時間與孩子們接觸」。既然無法直接溝通，他們也願意花心思改用間接的方式交流，所以這次以「字條」留言給我們。家父是住持（前任），家母在幼稚園擔任要職，因此我們幾乎沒有全家人一起出遊的經驗。不過，父母總是把心用在我們兄妹倆身上，我也不曾感到不滿，因為就算是間接的，我仍然擁有父母守護著我的安全感。

「孩子在這世上最愛的地方」不是主題樂園、不是動物園、不是電影院，也不是電玩遊樂場，而是滿溢著父母「慈愛」與「悲愛」的空間，就像我小時候經歷過的一樣。**對孩子的要求全數聽從，並非父母的溫柔；滿足孩子的金錢所需，也不是父母的義務。父母的任務，是以「慈愛」與「悲愛」對待孩子。**

33

我們現在的行為，決定後代子孫的興衰

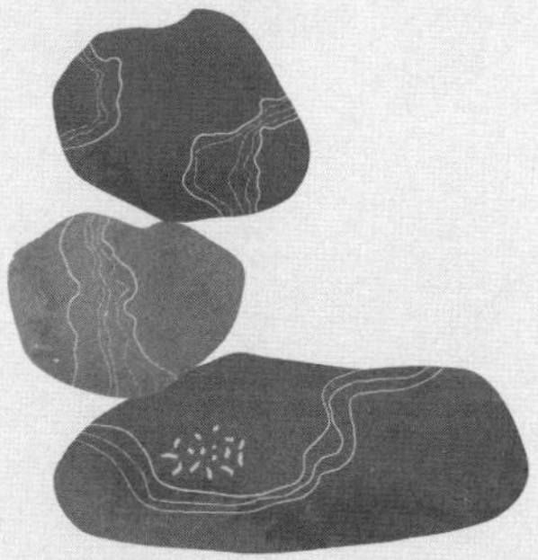

有種說法認為，「父母離婚的子女，未來也容易離婚」。維吉尼亞聯邦大學（VCU）的心理系助理教授潔西卡・薩瓦多雷（Jessica E. Salvatore）博士，在人類基因學家肯尼斯・肯德勒（Kenneth S. Kendler）博士與瑞典隆德大學莎拉・拉索隆（Sara Larsson Lönn）博士的協助下，調查並分析瑞典政府的國民結婚、離婚紀錄，結果顯示「父母離婚的子女，本身也有很高的機率會離婚」（參見：J-CAST NEWS／二〇一七年十月十一日）。

「父母離婚的子女，未來也容易離婚」的原因，也可以用佛教訓示說明。佛教有「三時業」的說法。

「業」是人類的行為，業之中的身業（身體做的事）、口業（嘴巴說的話）、意業（心裡的感覺和想法）這三個（＝身口意），在佛教認為是「自身的善惡行為，替自己帶來的果報」（自作自受）。善行為自身帶來善果，惡行為自身帶來惡果。「三時」的意思是結果發生的時期（承受果報的時期），分為三種：

•「順現法受業（順現報）」……此生立刻得到果報的業

- 「順次生受業（順次生）」……來世得到果報的業
- 「順後次受業（順後次）」……第三世之後（後世）得到果報的業

「三時業」是指自己的行為造成的結果必然會回到自己身上，但此生的結果不必然在此生承受，有時是在來世以後。而我則認為，業不只會回到自己身上，也會影響到「家族」。

日本族譜研究會的第一代會長，也是《新族譜科學》（cosmo21 出版）的作者與那嶺正勝先生指出：「調查超過兩萬件以上的族譜之後發現，家族之中有人離婚，就會帶給子孫不良影響。夫妻關係愈好的家族愈興旺，一旦出現離婚或外遇問題，家族就會沒落。」

同樣地，我也看過許多「父母離婚，子女也離婚；父母外遇，子女也外遇；父母酗酒，子女也多半酗酒」等不理想的世代連鎖問題。自己製造的業，將迫使子孫陷入困境，造成家族沒落或凋零。

活在現世的我們，無法從自己的行為上，感受到對家族的責任感，但如果「果報跨越三時而來」，為了自己的後代子孫著想，此生也應該誠實正直地生活。

我們的人生，不只是我們自己的，個人使命會與祖先、後代子孫連結，共同串連出生命的接力賽。而我們的行為，也將決定後代子孫的興衰。

34

研究超過一萬個家庭，發現「興旺之家」的共同點

我五歲開始參與法事和葬禮，至今大約四十年，曾經與非常多的家庭往來。而在見過超過一萬個家庭之後，我發現**世世代代家運興旺的家庭有兩項共同點**，那就是：

「繼承家族傳統」

「重視掃墓與祭祖」

《六方禮經》這部佛經中，對於「父母的角色」與「子女的義務」，有過以下的介紹：

- 父母對子女應行的五件事

①不讓子女做「惡事」

②獎勵子女做「善事」

③提供子女教育

④替子女找尋結婚對象

⑤時候到了，就把財產交給子女管理

- 子女對父母應行的五件事

①奉養養育自己長大的雙親
②盡義務
③保存並延續家族的習慣與傳統
④管理財產
⑤祭拜父母

家運長久興旺的家族，通常能清楚區分「父母的角色」與「子女的義務」，並貫徹執行。尤其重視「父母對子女應行的五件事」之中的①不讓子女做「惡事」，和②獎勵子女做「善事」，以及「子女對父母應行的五件事」之中的③保存並延續家族的習慣與傳統、⑤祭拜父母。

父母教導子女做人的「善惡」，並引導他們去實踐，如：「不可造成他人困擾」、「己所不欲，勿施於人」、「嚴以律己，寬以待人」、「凡事設身處地為人著想」等，子女則要牢牢守護父母傳承下來的教誨、習慣與傳統。

這些「善惡」教誨將在子女的心中生根，成為人生目標，對父母來說，也是管教子女和以身作則的方針。當全家人都擁有共同的人生目標，就能更強化家族的連結，而這種強大的連結，就是家運興旺的源頭，能使家族成員面對任何事都不動搖。

此外，家運世世代代興旺的家族很重視「祭祖」。再努力賺錢也存不了錢、家人生病、家人親戚之間感情不好或四分五裂的家族，毫無例外的，全都是不重視祭祖的家庭。疏於祭祖的家庭，即使其中一人在經濟上取得短暫的成果，子孫輩幾乎都會面臨困境。

《新族譜科學》中提到，回溯到江戶時代（一六〇三～一八六八年）的族譜就會發現，家家戶戶因享保大飢荒（一七三二年）、天明大飢荒（一七八二～一七八七年）、天保大飢荒（一八三三～一八三九年）等飢荒連續發生，多次面臨「沒有東西可吃，能不能活到明天都不知道」的瀕死狀態。

觀察飢荒時每戶人家的「死亡順序」，會發現驚人的相似度。首先是妻子先死，接著是祖父、祖母，再來是丈夫，最後留下的是孩子們。

妻子第一個就把食物給孩子們，結果把自己餓死，接著缺乏體力的祖父母死去。身為勞動力的丈夫會活到最後，把食物給孩子們，直到把力氣用盡。孩子們有大人們的犧牲，才好不容易保住性命。

祖先們犧牲自己、延續生命，才有「現在的」我們存在；我們「現在的」生活，是建立在祖先們的辛勞上。

家運興旺的家族很清楚這一點，所以重視祭祖。**世世代代家運興旺的人，具有想像歷史的能力，以及感受生命是接力的感性**。

我認為，重視對祖先的「恩澤」與「感謝」的家庭，一定會家運昌隆。

Chapter 5

如何面對有關孩子、家庭的煩惱？

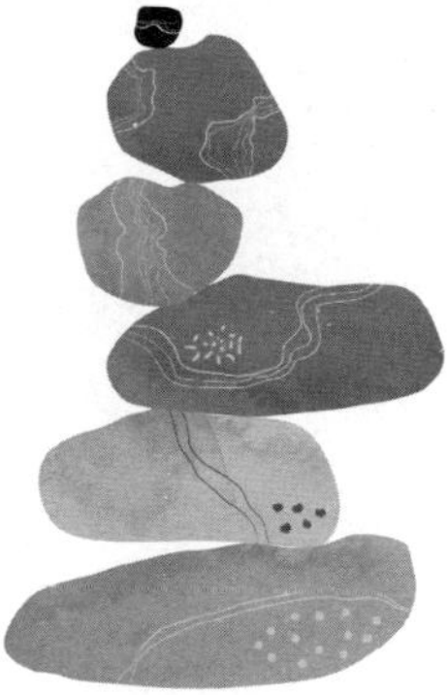

35

燒香除了緬懷故人，也是對自身的心的修行

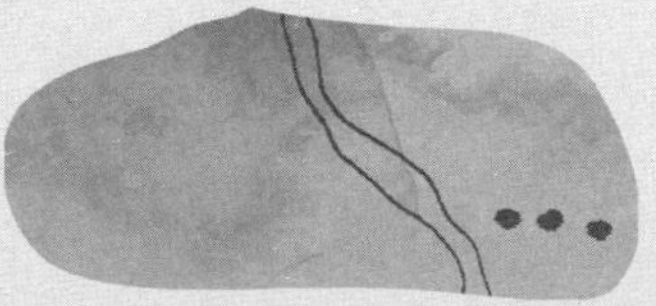

佛教有「三具足」的說法。三具足是指法會等場合，裝飾在佛前的「花（花瓶）」、「蠟燭（燭臺）」、「香（香爐）」這三種基本佛具，而且有各自象徵的意義：

- **「花（花瓶）」……象徵「慈悲」。**

慈悲是指拿掉人們心中的痛苦，賦予喜樂。

- **「蠟燭（燭臺）」……象徵「智慧」。**

蠟燭是照亮暗路的光（照亮事物的模樣，讓人清楚看見的光），也象徵佛祖的智慧。光芒很小也無妨，只要點亮蠟燭，即使處於黑暗中，也不會撞到旁人。一旦擁有正確的智慧，就能走上沒有多餘爭端的人生。

- **「香（香爐）」……象徵「淨化」（這邊的香是指細長形狀的香）。**

燒香時，把香插進香爐之前，先以右手的拇指、食指、中指這三根指頭持香，高舉到額頭的高度。這個時候我會直接把香「貼在」額頭上，讓香吸走人類的煩惱、貪瞋癡（貪慾、憤怒、抱怨）。

葬禮和法會等場合，在逝者面前捻香，是在對逝者發誓：「我要帶著清爽的心情，連同你的份一起努力活下去」。而在佛前捻香，則是在發誓：「我會像釋迦牟尼所做的一樣，除去心靈污垢，實現幸福世界」。

花是人的慈悲，蠟燭是智慧，香是淨化。三具足是讓佛教教義更簡單易懂的具體象徵。

愈來愈多人「討厭法會」、「覺得法會麻煩」、「即使父母過世也不想舉行葬禮，想要直接火葬」，我想這是因為沒有正確告訴大家「拿花祭祖」、「點亮蠟燭」、「燒香」這些行為所代表的意義。**葬禮、法會等，除了為了緬懷故人，也是象徵「清淨自己的心靈」、「使自己產生慈悲心」、「讓自己的心萌發智慧」的儀式，換句話說，是幫助每個人修心的方法。**

祭祖不僅是「祭拜祖先」的意思，而在「奉上祭品給往生者的靈魂，祈求冥福」、「獻上祭品滋養往生者」的同時，其實也修養自身的心靈。

Chapter 6

該如何面對戀愛與婚姻的煩惱？

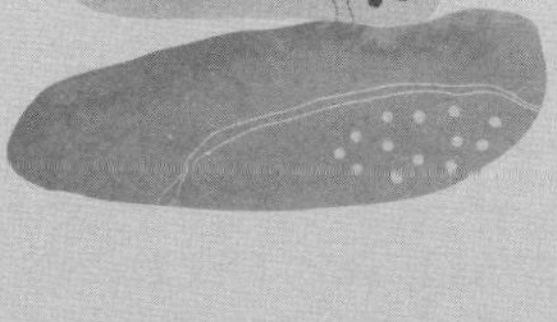

36

性行為是與「真正相愛的人」培養「真愛」的行為

很多人以為佛教傾向於否定男女之間的性行為，但事實上，卻有肯定男女愛慾（性愛）的教義存在，也就是密教經典之一的《理趣經》。

在《理趣經》中提到，稱為「十七清淨句」的十七句偈。這十七清淨句中，如：「妙適清淨句是菩薩位」、「觸清淨句是菩薩位」、「愛縛清淨句是菩薩位」[9]等，均是在肯定男女的性行為。

《理趣經》將真正相愛的男女彼此由衷的愛戀，以及肉體、精神上的結合，稱為「清淨狀態」。不過，只看表面字義的話，很容易誤以為這段內容在盛讚「性慾」，也往往會產生「男女交合能夠成佛（開悟）」的誤會。**《理趣經》的主張，不過是在強調「真愛」的美好，並告誡人們不該為了享樂而隨意性交。**

福嚴寺有供養嬰靈。「嬰靈」是指無法在這一世誕生的生命。大約十年前，一位十八歲的女高中生告訴我她墮胎了，希望能夠供養嬰靈。在發現懷孕後，闖禍

9 譯注：妙適是二根交會之樂，觸是男女擁抱之樂，依此觸而男女不能分離是愛縛。

的男方就馬上失蹤了，她無法開口跟家人商量，獨自拿掉了孩子。在取得家人諒解之後，她替孩子辦完葬禮，哭著對我說：「這個孩子還沒能夠來到這個世界，就被奪走性命，他能夠前往西方極樂世界嗎？」

佛教認為，只要不是「擺脫欲望的開悟之人」，所有人都會下地獄。胎死腹中、沒能夠誕生到這個世界的胎兒（嬰靈）也不例外。嬰靈之所以墜入地獄，是犯了一項大罪，也就是「比父母先死，讓父母悲傷」之罪。

在佛教中，「白髮人送黑髮人」的情況稱為「逆緣」，嬰靈會被問處「逆緣之罪」，受到制裁。至於從地獄救出運氣不好無法存活的孩子、發生意外或病死孩子的，就是「地藏菩薩」。

這位女高中生，因為「奪走胎兒生命」而懷抱罪惡感與失落感，同樣地，胎兒也會因為「讓最愛的母親難過」而感到愧疚。而這種母子共同悲傷的根源，正是男女之間的性愛行為。

《理趣經》稱讚男女性愛，認為性愛是大愛的表現，絕非污穢之事。但是，《理趣經》也明確否定一時貪歡的性愛。原因在於，性愛是「孕育生命」的重要行為，也是與「真正所愛之人」培育「真愛」的方式。

佛教有「五戒」，是在家修行者（皈依佛教但沒有出家的人）必須遵行的五條戒律：

①不殺生……不殺害有生命的生物
②不偷盜……不偷取他人的物品
③不邪淫……遠離不正當的男女關係
④不妄語……不說無事實根據的謊言
⑤不飲酒……不喝酒

戒律的「③不邪淫」，是指「男女往來要有節制」，但「不邪淫」不是在反對性行為，畢竟如果沒有性行為，就無法孕育新生命。佛教反對的是「成為歡快的俘虜」，主張「不可縱容欲望、追求一時的快樂，不可任由性慾擺布」。

男女互相尊重，彼此共享的愛，才是佛教認可的性愛。

37

扔掉與戀人有關的「紀念品」，也一併扔掉眷戀

有些人會把前任的「紀念品」留在身邊，但繼續背負過去、戀戀不捨，這樣的重擔只會阻止你往前邁進。

如果希望早日從失戀的痛楚重新站起，發展新戀情，就必須擁抱「扔掉紀念品」的勇氣。

三十幾歲的B子小姐找我諮詢，說她「至今仍然忘不了前男友，很痛苦」。她在五年前，與當時交往六年的男友分手，而男方早已娶妻生子，過著新生活，偏偏女方的時間像是停止了一般，從此獨自活在與對方的回憶之中。

十九世紀時，有位和尚叫原担山。某天，他與其他學僧[10]走訪各地修行，來到一條又窄又泥濘的小路上。眼見一名少女，被背著大件行李的高大平頭男子擋住了去路，少女想要避開卻又避不了，猶豫著不知該如何才好。担山和尚對少女起

10 譯注：研究佛學或學問的和尚。

了惻隱之心，為了不讓少女的雙腳陷入泥濘中，便抱著少女走過小路（另一種說法是他背著少女度過雨後湍急的小河）。

同行的禪僧皺眉看著担山和尚的舉動，事後責備他：「你不該觸碰女人等不潔之物，況且你的行為，也關係到咱們禪僧的顏面，往後最好謹言慎行。」

担山和尚沒有絲毫尷尬，只是呵呵笑著，態度坦蕩地回答：「你還抱著那名少女嗎？我已經放下了。」（引用：《担山和尚全集》秋山悟庵編／光融館／國立國會圖書館數位收藏）

對担山和尚說，唯有在抱著對方的當下，才意識到女子的存在；放下之後，就沒有任何情感了。這段小插曲告訴我們，**自以為是的煩惱或妄想，最好當場就捨棄**。同行的禪僧一直想著「担山打破禪宗戒律抱女人」，所以才會在離開小路之後，仍然心懷不滿。

人類普遍的痛苦之一是「愛別離苦」。**「愛別離苦」是指與至親至愛之人，生離死別所帶來的痛苦**。

釋迦牟尼提到，若想擺脫愛別離苦，最重要的第一步就是：

「客觀審視自己」

「正確理解自己眞正的樣子」

原始佛經之一，也是《法句經》的藍本梵文版《自說品》裡有以下的詩句：

「隨逐愛欲人，馳迴如網兔。纏縛於（煩惱），再再長受苦。
隨逐愛欲人，馳迴如網兔。比丘求無欲，故須自離欲。
捨欲喜林間，離欲復向欲，當觀於此人；解縛復向縛。」[11]

（參見：《佛陀的真理箴言　有趣的箴言》中村元譯／岩波文庫）

想要擺脫愛欲的痛苦，必須先承認「自己像落入陷阱的兔子般掙扎不休」。如果無法客觀看待自己，恐怕就會永遠受到愛欲的束縛。

人心有如容器。如果容器內有水，水終究會慢慢混濁。

11 譯注：出處《法句經》第二十四〈愛欲品〉三四二、三四三、三四四。

同樣地，如果陷在過去，心就會溷濁停滯。

我們必須倒出累積在「心」這個容器內殘餘的水，要達成這個目的，就必須「丟掉紀念品」。任何會讓你想起過去的物品，舉例來說，分手對象送的禮物、電子郵件、照片等，都要一個一個地丟棄。這就是放下過去，活在今天的「分手儀式」。

在B子小姐的心中，因「仍然抱著那位少女」，所以感到痛苦。前男友已經不會再回來了，對B子小姐來說，他只是過去的回憶。如果想治好失戀的傷痛，邂逅新戀情，就不能一直沉溺在過去，必須盡早「放下」。

而B子小姐進行「分手儀式」後，有了不同的體悟，表示「開始能以旁人的眼光，客觀看待過去和現在的自己」。

現在，B子小姐已經朝著新戀情邁出步伐。

Chapter 6
該如何面對戀愛與婚姻的煩惱？

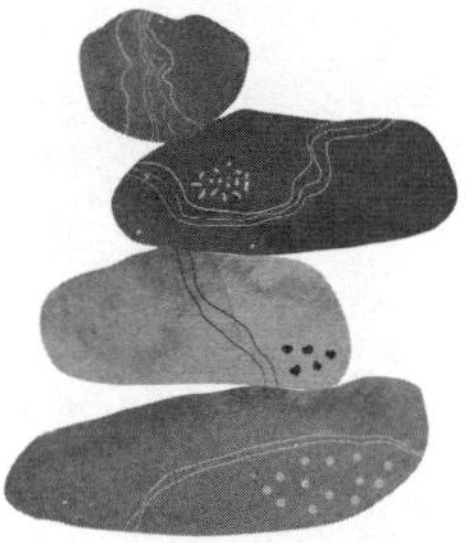

38

從失戀的痛重新振作的三個步驟

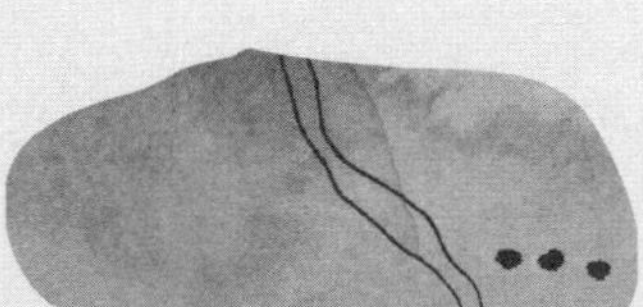

針對一百一十位女性上班族（二十二至三十四歲）所作的問卷調查結果顯示，問到「『愛人』和『被愛』，哪種比較幸福？」時，有十三・六%回答「愛人」，有八十六・四%回答「被愛」。（參見：MyNavi網站女性調查／二〇一六年十月）

人呢，對於接受愛的執著遠大於付出愛。而當無法獲得足夠的愛時，就會對於對方心生不滿或感到不安。因為比起自己給對方的愛，自己收到的愛如果不夠多，就無法滿足。

佛教有個詞叫「渴愛」。**渴愛是指大幅影響人心的「無窮盡欲望」**。**佛教認為這是「最痛苦的煩惱」**。釋迦牟尼表示，跨越渴愛就是做人的課題。

有位「正在與有婦之夫外遇」的女性問我：「他對我說無法跟妻子離婚，所以希望跟我分手，我也同意。明知道我們無法修成正果，愈保持距離反而愈思念。我要怎麼做才能夠放下對他的執著呢？」

女子對有婦之夫的執著始終無法消除，原因在於她「試圖忘掉」外遇對象。

儘管她十分清楚自己想要忘掉對方，可是愈渴望忘掉，反而愈想起對方，也愈被執著束縛。人的意志力並沒有想像中堅強。即使想忘記對方，但要真正淡忘，需要很長一段時間。而愈「努力忘掉」，愈會想起，人心就是懷著這種矛盾。

如果想要擺脫對對方的執著，需要的是「停止努力忘記」，接著，努力開創出新的環境。

儘管看似病急亂投醫，但我的建議是以佛教教誨為依據。以下就是「拋開對失戀對象的執著」的三個步驟。

- 第一步驟

把手機、照片、信件等，與分手對象有關的回憶全部處理掉。將會勾起你回憶的東西全部扔掉。即使那個人仍然在你心中，但在對方的心裡早已沒有你。

- 第二步驟

請試著想像自己如今的慘況。再沒有什麼比自己糾纏對方、要求對方別走更難堪的了。

• 第三步驟

搬家、換工作、進修等，為自己準備「新環境」，並努力融入新環境中。一想起對方就立刻打消念頭，把注意力集中在新工作或才藝上。

扔掉過期的戀愛吧。為了這麼做，你需要把渴愛的心，轉換成對自己未來的能量，並將自己投入到「全新的環境」。這麼一來，你就能夠從失戀的傷痛中重新站起。

39

佛教告訴你「好男人」、「好女人」的定義

在佛教的寓言故事裡，出現過各式各樣的角色。我認為「理想男人的範本」，就是《維摩經》的中心人物「維摩居士」。維摩居士住在昆舍離，是在家修行者。某天，維摩居士生病了，釋迦牟尼命令弟子、菩薩們前往探病，卻沒有半個人想去。因為以十大弟子為首的多數菩薩，都曾經在辯論上輸給維摩居士，因此對於要去探病都很惶恐。

維摩居士對於「偏重個人開悟」（自利主義）的佛教（小乘佛教、部派佛教）很有意見，就算對方是十大弟子或菩薩也不退卻，不斷批評，並主張「別只顧著完成個人的修行，也要兼顧社會與他人」、「不可以只是安靜坐著冥想」、「本質是『不是只有自己，每個人都能夠前往頓悟世界的絕對平等』」等個人意見。他從不輕易認輸，也不會只求自保或粉飾太平。他一而再、再而三地去對抗強有力的對手，只為了拯救更多人。我認為維摩居士符合理想男人的範本，是因為不管對手是誰，他都會抱持信念，表明「你說得不對」，而且絲毫不膽怯。

另一方面，我認為「理想女人的範本」是簡稱《勝鬘經》的《勝鬘獅子吼一乘大方便方廣經》經書中出現的王妃「勝鬘夫人」。《勝鬘經》是勝鬘夫人在釋迦牟尼前面講道，由釋迦牟尼認可「正確」的形式。勝鬘夫人立下「十個誓言」和「三個願望」，她的誓言與願望，全是對世上所有生命敞開慈悲之心。

「世尊，從今往後，我見到無所寄託的人、身陷牢獄的人、不自由的人、為疾病所苦的人、有所煩惱的人、貧窮困苦的眾生，一定會盡力幫助、絕不捨棄他們。為了幫助他們脫離痛苦，我會使用積蓄的財產以成就眾生，直到事成。」[12]

「世尊，我發誓我會心持真理（佛法），並為無量眾生的利益，修行自身的福德，並以積存的善根為本，希望在生生世世中，理解真實的佛法教誨。這是我的第一大願。」（第一願）[13]

勝鬘夫人的愛，不是有限、封閉的愛。我對勝鬘夫人的想法有所共鳴，是因為她發願將母性之愛發揮到極限，拯救所有痛苦的人，擁有宏大無私的愛。

理想的男人，不迎合別人，不改變想法，不管面對任何人，都會明確表達自我

主張。

理想的女人，能夠發揮深刻的愛與母性，不分你我、包容一切。維摩居士和勝鬘夫人的共同點，在於擁有「想要拯救更多人」的心。藉由自身的善行功德救濟他人的「利他之心」，就是這兩人的魅力。

不管是男人或女人，有些人會懷抱各式各樣的自卑感，對於自己的外貌、學歷、工作、經濟狀況等感到自卑，失去自信或過度貶低自己。暗自認為「就是因為這樣，我才不受異性歡迎」、「就是因為這樣，我的工作表現才這麼差」、「就是因為這樣，我才缺乏魅力」。但我認為，一個人的魅力是取決於自身的「生活方式」和「態度」，與外貌、學歷或經濟狀況都無關。

12 原始經文爲：我從今日乃至菩提，若見孤獨幽系疾病種種厄難困苦衆生，終不暫舍，必欲安隱，以義饒益，令脫衆苦，然後乃舍。

13 原始經文爲：願持正法，以此實願安隱無量無邊衆生，以此善根於一切生得正法智，是名第一大願。

40

配偶的任務是
了解「對方想過什麼樣的人生」，
並成為將之實現的助力。

成為夫妻之後，兩人的步調必須一致。無論何時，都要互相討論，一起動腦，兩人三腳地前進，這才是夫妻理想的模樣。並肩同行時，雙方都要記得「配合對方」；如果對方沒能配合自己的步調，也要試著主動去配合對方。

「配合對方」，是指尊重對方的人生。就像自己有想做的事，對方應該也有，了解「對方想過什麼樣的人生」，並成為實現的助力，我認為是配偶的任務。

我的好友O夫妻就是感情十分融洽的一對。丈夫B在單身時期曾經罹患癌症，儘管已經動手術切除腫瘤，但也無法保證不會轉移。他的妻子A子在明白這點的情況下，決定與他結婚。

婚後，A子辭去工作，將重心轉移到家庭，全心支持為健康問題煩惱的丈夫。不過，B清楚妻子「喜歡工作，需要透過工作才會有成就感」，因此建議妻子回去原本的公司工作，就算一個禮拜幾天或幾小時都好。現在，A子是同時兼顧家庭與工作的職業婦女。

唯一令A子在意的是「B每晚喝酒」這件事。看到丈夫享受下班後喝一杯的幸福樣子，她無法開口勸他戒酒。直到某天，她擔心丈夫一天比一天喝得更多，於是流淚說出自己的想法：「我不是驕縱也不是任性，這是我這輩子唯一的請求，希望你能夠聽進去。從明天開始別再喝酒了。」

A子知道啤酒的刺激能夠消除丈夫的壓力，因此，她不是單方面要求丈夫戒酒，也為下班回家的丈夫準備了自製薑汁汽水作為代替。現在，B已經完全戒酒，因為他喜歡妻子自製的薑汁汽水更勝過啤酒。丈夫認同妻子的工作，妻子為戒酒的丈夫自製薑汁汽水，在這樣的兩人關係中，我看見「互相尊重的態度」。

佛教有個詞語叫做「同行」（又稱同伴、同朋）。意思是「同心學佛修道，相互敬重的人」，而夫妻就像是同行。

鎌倉時代（一一八五～一三三三年），有位很活躍的和尚叫親鸞。

親鸞上人後來成為淨土真宗的開山始祖，但是在禁止和尚成親的時代，他卻有兩任妻子。第一任妻子是九條兼實（平安時代末期到鎌倉時代初期的貴族）的女兒玉日。但玉日後來不幸亡故，之後親鸞再度與名叫惠信尼的女子成親。

親鸞上人原本在比叡山修行，但不管他累積多少修行，都無法保持澄淨之心，他因此開始質疑不靠外力、單靠自己的修行方式，並離開比叡山，轉為師事推廣以他力念佛、「乘阿彌陀佛大願業力」的法然上人。

然而，法然推廣的「專修念佛」——只要念「南無阿彌陀佛」就能得到佛力——的主張，受到延曆寺、興福寺[14]等的打壓，後鳥羽天皇也受到各方批評所影響，明令禁止「專修念佛」，法然上人的門生均被判處死罪或被迫還俗，親鸞也遭流放到越後國的國府（現在的新瀉縣上越市）。

親鸞沒有因為這場悲劇而退縮，繼續努力傳教，並在越後邂逅了惠信尼。

等到他的流刑被赦免、返回京都之後，念佛的做法仍舊受到迫害與嚴厲打壓，但不管發生什麼事，惠信尼還是一直相信親鸞是觀音菩薩的化身，與他同樣走在念佛信仰的道路上。據說，親鸞上人也始終相信惠信尼就是觀音菩薩的轉世。

只要一想到嫁娶對象是觀音菩薩轉世，即使對對方有不滿或埋怨，也會自動當成是佛祖給予的試煉或修行，十分不可思議。

14 譯注：延曆寺、興福寺是當時勢力最大的寺院，甚至擁有兵力。

41

修復瀕臨瓦解之夫妻關係的兩項教誨

當夫妻關係瀕臨瓦解時，我希望各位想到以下兩個佛教道理。

第一個是「年年歲歲花相似，歲歲年年人不同」這段話。這是唐代詩人劉希夷的詩作〈代悲白頭翁〉最後兩句，意思是花朵每年同樣綻放，可是來看花的人卻逐年老去，不再一樣。

釋迦牟尼告訴我們人生無常，萬物也不停在改變。人的改變是必然的，人際和夫妻關係也會不斷轉變；而在婚姻生活中，無論變的是對方或自己，都是理所當然的情況。

在「雙方都會改變」的前提下，仍舊彼此理解，互相幫助，並且以「丈夫」和「妻子」的身分持續努力。這就是夫妻。

在《六方禮經》這部佛經中，提到「夫婦必須努力不懈」。

而這部《六方禮經》，正是修復夫妻關係的第二個佛教訓示。在經文中，釋迦牟尼分別提及了「丈夫應當對妻子做的事」與「妻子應當對丈夫做的事」。

丈夫應該秉持下列「五種態度」，對妻子盡心盡力：

①尊敬
②不輕蔑
③不走偏（不外遇等）
④賦予權力
⑤給予裝飾品

另一方面，妻子也應該秉持下列「五種態度」，對丈夫盡心盡力：

①妥善處理工作（家務）
②善待親人
③不走偏（不外遇等）
④保護賺來的錢財
⑤聰明勤奮地處理必須處理的事

我的男性友人S認為「妻子也有在工作，所以她想要買什麼，花自己的錢去買就可以了」，婚後也從來不曾送過妻子禮物。等他學到《六方禮經》的道理後，才開始反省自己對妻子不夠努力，並送妻子小型汽車當作生日禮物。

S的年薪並不高，事實上必須要很認真存錢，才送得起汽車。而送禮後，S得知妻子收到汽車固然開心，但更高興的是「丈夫對自己的心意」，這才領悟到「把愛意轉化成實際的物品也很重要」。而之後每當妻子開車外出購買晚餐食材時，總會比過去更頻繁地想到「丈夫開心的表情」。

每個人感受到愛的關鍵點不同。有些人從收到的「物質和金錢」感受愛，有些人藉由共度的「時間」感受愛，有些人透過「肌膚相親」感受愛，有些人會因為「話語」感受愛。情況因人而異。

這些表達愛意的方式，當然也可以合併使用，但**最重要的是，所有行為的背後都要帶著「愛」，否則即使送了大量禮物，對方也無法經由沒有愛的物質、沒有愛的時間、沒有愛的肌膚接觸、沒有愛的話語中，體察你的意思。**只把「愛」默默藏在心底，對方也無從得知。請記住「愛」不是名詞，是動詞。**既然你為對方著想，就要用言語和行動，表達你的想法。有時不要多想，儘管表現出你的愛，正是容易失去新鮮感的夫妻永保關係融洽的祕訣。**

當婚姻生活產生裂痕、責怪對方的情緒湧上心頭時，在懷疑「對方」之前，請先把箭頭轉向自己，想想「自己是否不夠努力」。當你感到不安，認為「這場婚姻似乎很難繼續下去」、「我們兩人的關係已經結束了」時，想想「人會變，婚姻生活也會變」的道理，重新檢視自己「有沒有努力當個妻子」、「有沒有努力當個丈夫」，相信這麼一來，夫妻兩人一定有機會再度互相理解。

Chapter 7

從煩惱、焦慮、壓力、悲傷中脫身

42

不追憶過去，亦不須期盼未來；
過去事已滅，未來也尚未到來。
專注今天該做的事情吧

我們無法活在「過去」，也無法活在「未來」，我們所能夠活的，只有「此刻這一瞬間」。

佛教是重視「此刻活著的現在」的宗教。**釋迦牟尼說：「全力以赴，活在『此刻這一瞬間』，不是已經過去的過去，也不是還看不見的未來，才能夠擁有無悔的人生。」**

諮詢者M小時候受到父母親的虐待。上了小學、國中、高中也遭受毫不留情的霸凌，甚至連老師都看不起他。

他始終怨恨父母：「為什麼要把我生下來？我如果沒出生，就不用面對這些痛苦了。」他因為社交障礙與精神障礙入院兩次，也曾經對於出院後的生活感到絕望而試圖自殺。

M很討厭人，他說：「所有人都很醜惡污穢。」而陷在「要是所有人都消失該有多好」的毀滅思想中。另一方面，他又無法完全割捨「我想改變自己、改變世界」的一線希望，因此他的心，始終徘徊在生與死之間。

事實上折磨著M的，是「過去的記憶」與「未來的妄想」；過去的自己是「記憶」中的自己，而未來的自己是「妄想」中的自己。

過去與未來的自己，都只是「腦海中的自己」，不是「活在此刻、擁有肉體的自己」。

不斷回想過去，懼怕未來，是因為他無法活在「這一瞬間」。

《大迦旃延一夜賢者經》這部佛經中，有一首詩名為〈一夜賢者偈〉。一夜是指「一天」，「賢者」是指「今天一整天勤奮不懈怠的人、熱衷投入於今天該做的事情的人」。

〈一夜賢者偈〉

不追憶過去，亦不須期盼未來。

因為過去的已經過去，未來也尚未到來。

對現在發生的事，僅須觀察其本來的樣子，

不須心生動搖，只要好好理解並加以實踐。
專注於現在該做的事情吧！
明天是生是死，有誰會知道呢？
不論怎麼做，死神的大軍終將來臨。
像這樣思考、日夜勤奮不懈怠的人，
稱之為一夜賢者，
也有人稱之為寂靜者、寂默者。[15]
（參見：《阿彌陀佛箴言》辻本敬順著／本願寺出版社）

M將我告訴他的〈一夜賢者偈〉抄寫於一張大紙上後，貼在牆上，每晚就寢前開口唸出來。過了一段時間，M開始有了改變。

15 原偈文爲：愼莫念過去，亦勿願未來；過去事已滅，未來復未至。現在所有法，彼亦當爲思；念無有堅強，慧者覺如是。若學聖人行，孰知愁於死？我要不會彼，大苦災患終。如是行精勤，晝夜無懈怠；是故常當說，跋地羅帝偈。

一開始是M與動物之間的關係。以前，當他坐在公園長椅上時，常看到鴿子或貓，即使拿零食或發出聲響吸引牠們，動物也不願靠近。但現在，動物們居然開始主動親近他。

接下來發生的變化是他與其他人的關係。沒來由地就是討厭人、無法與人往來的M，過去採取的做法都是避開人，這麼一來就不會有人主動找他說話，他也沒有機會與他人對話。但是這個狀況竟有了改變。在他去商店買東西或搭電梯時，都開始有人主動與他攀談。

M發現心懷怨恨、困在過去的自己，自顧自地瑟縮在殼中，身心早已在不知不覺間變得冷硬，也對四周散發出充滿壓力的氣場，築起不讓人靠近的高牆。

當自己意識到這點之後，工作上也開始出現變化。在此之前，他只能打打零工，工作時有時無，生活很不穩定，但現在卻成為正職員工。

現在，M的房間牆上已經沒有那張〈一夜賢者偈〉了。他每日唸過了無數遍，早已熟記於心中。藉由不斷反覆唸誦〈一夜賢者偈〉，M跨越過去，抓住對未來的希望。現在的他擁有的，不再是過去的痛苦回憶，而是對未來的期待。

我從小在佛寺長大，嚴格的生活和身為「住持之子」的沉重壓力使我心生反抗，因此曾多次逃出福嚴寺。我感嘆於自己「誕生在佛寺」，也曾對母親說出「媽，妳每次都阻止我去做我想做的事！」等惡毒話語。而當時教導了那個悔恨「過去」、擔憂「未來」、還決心「絕對不要當和尚」的我，「當下」的重要性的人，是來自美國俄亥俄大學的米勒老師。

當時俄亥俄大學考慮在小牧市開設分校，米勒老師為了視察預定地而順路造訪了福嚴寺，由還是高三生的我負責帶他參觀。

他問我：「你之後會出家成為和尚嗎？」聽到我回答「絕對不要」後，他建議我：「當不當和尚都可以，但何不利用機會，好好學習佛教呢？」還說：「學習佛教與當和尚是兩回事。不管是基督教或佛教，學習宗教也等於學習歷史、思想、文化等各種角度的知識，也能夠更了解人類。我認為這是現在的你，最需要的『教育』。徹底地學習佛教後，如果你還是覺得『不想當和尚』，再去嘗試不同的事物也無妨。未來的事，等到要面對時再去想就好，別為了未知的未來，封閉今天的可能性。」

我始終認為「既然出生在佛寺，就得出家當和尚」、「上大學也得專攻佛學，一輩子走佛教之路」，這樣的未來嚇得我屁滾尿流，我的過去、現在、未來，全都被自己擺在同一條延長線上，以為我的人生非得遵循這條路走下去不可。

但是，米勒老師告訴我還有其他選擇，還說「以住持兒子的身分出生，也不見得要當和尚啊」，讓我感覺肩膀上的壓力瞬間消失。之後我在他的鼓勵下，進入駒澤大學佛教系就讀。

當你忘不了過去發生的事，痛苦到難以承受時。

當你擔憂著看不見的未來，害怕到難以承受時。

請回過頭來，讀一讀前面的〈一夜賢者偈〉，一定能夠察覺到「此刻這一瞬間的自己」，不是「過去的自己」、也不是「未來的自己」。

即使身心受創，那也是「記憶」，不是此刻這瞬間發生的事。只要是過去的，就是可以拋下的事情，無須煩惱發生過的事。至於害怕看不見的未來，也不過是「妄想」，未來還沒有來，所以不需要白費功夫去擔心。盡全力過好「不會再有第二次的今天」就對了。

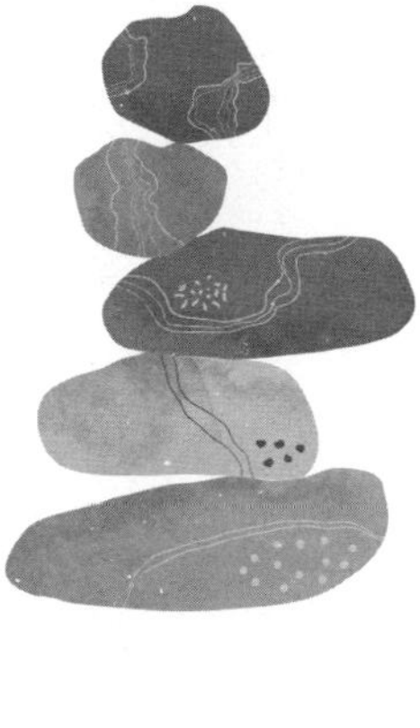

43

人少了「刺激」就無法生存。
但刺激過多，也無法生存

釋迦牟尼說，人類少了刺激，就無法生存。就像少了「養分」，人體就動彈不得；如果少了「刺激」，人心也會動彈不得。

刺激是驅動人心的能量，也是心靈的養分。但另一方面，釋迦牟尼也注意到了「刺激正是痛苦的起點」。性愛、賭博、毒品等，伴隨強烈快感與興奮感的行為，會製造出難以抑制的欲望，導致人的痛苦。

人從刺激得到「生存力量」，卻也會因為刺激而遭到毀滅。釋迦牟尼看出了具備極端特性的人類這種生物的愚蠢之處。

把刺激當成能量的同時，保持心靈平衡，避免成為刺激的俘虜。就是釋迦牟尼所認為的修行。

我的師父（第三十任 靈峰武三師父）曾經收到來自某對年邁夫婦的委託，內容是「兒子（A）沉溺於賭博和喝酒，不停在亂花錢與施暴」。這位兒子年約六十歲，他的父母已經九十歲了，而且父親罹患重病。

「放著兒子這樣不管，我就算是死也會死得不放心」、「不如我們殺了那傢伙，我們也去自殺吧」。

師父從這些話語中感受到雙親的迫切，因此他找了A出來談談。

儘管A口頭答應「會改」，仍舊放浪形骸。他受到無法抵抗的強烈「刺激」所擺布，繼續活在「想要停止卻停不下來」的痛苦之中。最後，A以自殺的方式清算人生。「唯有我去死，才能從賭博與酒精的『刺激』解脫。」這就是A得到的悲劇性結論。

我在就讀大學時，曾在東京都大田區的一間壽司店打工。我打工是為了存錢買摩托車，之所以選擇壽司店，則是打算利用外送機會練習騎車。

我打工那家店的年輕老闆M告訴我他的經驗，建議我：「考慮到行車安全，你最好直接挑戰重型機車駕照。重機駕照的考試不會放水，可以讓你知道自己哪裡不足。而了解不足，正是進步的關鍵。」

我聽了M老闆的建議，決定「等我考上重型機車駕照再買車」。順利考到重型機車駕照後，我特別去店裡告訴M老闆，他笑著恭喜我，還說要給我禮物。

展露貪吃鬼本性的我，笑著問：「要請我吃特級散壽司嗎？」M老闆卻把自己的「七武陵」（排氣量七百五十cc的黃牌重型機車）鑰匙交給我，對我說：「你可以騎著這輛車回家，行照變更你自己去辦就可以了。但如果我送的機車害你喪命，我會沒臉面對你的父母，所以，騎車時請務必一定要愛惜生命。」他送我的賀禮不是特級散壽司，而是自己最寶貝的「七武陵」。

後來M老闆帶我去賽船場。原來他的興趣是賭賽船，還告訴我：「那輛七武陵就是用賽船投注獎金買的。」

他說自己只要留下現金，就會繼續把錢拿去投注賽船，如果挑起了賭博的欲望，一旦欲望超過必要的程度，就會自毀前程。為了避免這樣，他才把現金換成機車。

在賽船場可以看到許多沉溺於賭博刺激的人。我和M老闆那天也賺了幾萬日圓的獎金，但平常面帶微笑的M老闆，卻以嚴肅的表情對我說：「不管靠賭博贏得多麼龐大的財富，都只是泡影；靠自己流汗賺來的錢雖然不多，但是更值得尊敬。我發現你對工作和機車都很有興趣，但也很容易沉迷。不只是賭博如此，任何事一旦過度沉迷，就會使人忽略人生。元勝，你要記住我的話。」

現在每次騎機車時，我都還是會想起M老闆告訴我的道理──「追求刺激，不可以越線。」

為了避免成為刺激的俘虜，需要適時遠離刺激。眼睛不看，耳朵不聽，鼻子不聞，嘴巴不吃，肌膚不碰。而避免沉溺於刺激最好的方式，就是「坐禪」。

坐禪能有效減輕大腦的疲勞。人類的大腦一旦感到疲勞，受到刺激時就很容易麻痺，難以理性思考，於是就需要更強烈的刺激，才能夠滿足生理欲望，獲得短暫的爽快。一旦累積壓力、心靈疲勞，就會想吃甜或辣的食物、想抽菸、想用大音量聽激烈的音樂；這些都是大腦已經疲勞的證明。

愈是疲勞，愈渴望刺激。刺激愈多，大腦就漸漸習以為常，進而追求更強烈的刺激。於是提供更強烈刺激的服務和商品便應此而生，創造出需求與供給不斷升級的惡性循環。這就是現代人的通病。

坐禪具有淨化並治癒這類身心、頭腦感覺麻痺的力量。

空出時間，在安靜的場所打坐調整身心，應該就能察覺自己在追尋著強烈的刺激。不去壓制渴望刺激的心，而是認同並加以觀察，會發現渴望刺激的亢奮感慢慢平靜下來，甚至可以進一步感受到欲望逐漸消失。

在《經集》這部佛經中，有一段釋迦牟尼與魔羅（惡魔）對峙的場面。

「我深深用心於修行，承受前所未有的苦痛，因此我的內心清朗澄澈，並不渴望（世間的）人們想要的事物。你的第一支魔軍是欲望，第二支魔軍是不滿，第三支魔軍是飢渴，第四支魔軍是妄執，第五支魔軍是沒有精力過生活，第六支魔軍是恐怖，第七支魔軍是疑惑，第八支魔軍是偽善與執著。」[16]

（參見：《佛陀箴言》中村元譯／岩波文庫）

---

16 原經文：如斯善住立，得最高受用。心不求諸欲，有情中清淨。汝欲第一軍，不樂第二軍。飢渴第三軍，渴愛第四軍。惛眠第五軍，怖畏第六軍。疑爲第七軍，覆情汝八軍。

這裡所謂的惡魔，是指釋迦牟尼本身對於刺激的渴望，換句話說，就是欲望。釋迦牟尼用來對抗自身欲望的方法，就是坐禪。在打坐中找出對刺激的渴望之心，就是坐禪。

沉溺於刺激、任由刺激擺布，都是因為人類愚魯。

不管是富人或窮人、國王或平民、社長或社員、老師或學生、老人或青年，釋迦牟尼表示：「人類在『愚魯』這點上同樣平等。」

我認為，「**明白並承認自己的愚魯，進而克服之，正是人生真正的樂趣**」。

Chapter 7
從煩惱、焦慮、壓力、悲傷中脫身

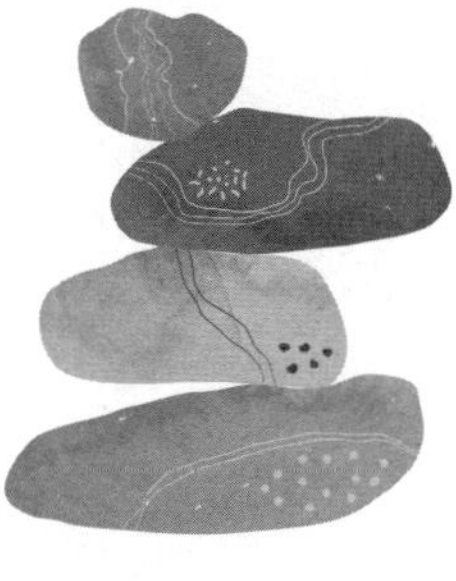

44

所謂「珍惜生命」，就是別忽視「當下」

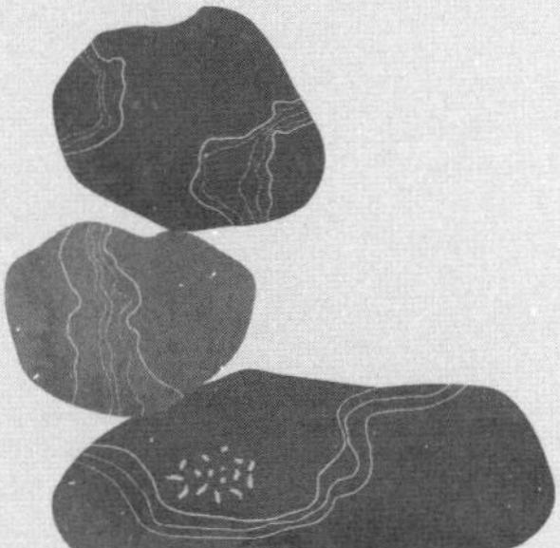

一九九八年以來，日本的自殺人數連續十四年突破三萬人。現在已有減少的趨勢，但二〇一八年仍然有兩萬八百四十人自殺，也是不少人的死因。（參見：日本警視廳網站「平成三十（二〇一八）年的自殺現況」）

基督教認為自殺是大罪。原因在於人類是上帝按照自己的模樣所創造，因此人類了結自己的生命等於「對上帝的冒瀆與反抗」。

但是，沒有造物主的佛教，對於自殺既不肯定也不否定。釋迦牟尼沒有直接以「不可輕賤生命」、「不可了結自己的生命」之類的話語直言自殺不對，只是委婉地說：「成為刺激與欲望的俘虜，疏忽『今天該做的事』，就跟『沒有活著』一樣。快點從受到刺激、欲望擺布的愚昧中清醒過來。在你清醒的那一刻，『殺死自己』的選項就會消失。」

某天，一位母親帶著想要自殺的女兒（A子）來找我諮詢。A子是高三生，因失戀和考試落榜而生了心病，不斷有暴食和自傷行為（割腕）。聽說她還曾經趁著家人入睡後，吃肥皂填飽肚子。

我領著她們兩人進入會客室，正在談話時，始終低頭默不作聲的A子突然當著我的面割腕。事情發生在一瞬間，幸好傷口很淺，血很快就止住了。

等她冷靜下來後，我對她說：「讓我看看妳手腕的傷。」接著又說：「妳割腕了好多次，一心想死，但妳的身體卻不管妳心裡的打算，不想那樣做。證據就是妳的身體在妳受傷那瞬間，就立刻用上所有能量，以最快的速度想要癒合傷口，延續生命。不管妳有什麼想法，妳的身體都想要活下去，這就是『生命』。」

A子自我否定，認為自己「毫無價值」。但是，**這世界上沒有任何人是毫無價值的，因為人光是「誕生到這個世界」，就已經擁有價值**。

釋迦牟尼一出生就走七步說：「天上天下，唯我獨尊。」意思是我們每個人都是天地間獨一無二、無可取代的存在。身而為人，不需要滿足什麼條件才會變得有價值，超越能力、學歷、財富、地位、健康等條件，即使一無所有，「我的生命」仍然是尊貴的。

無視「身體」想要活下去，無視「我」只要活著就有價值，不把生命當一回事的行為，我認為是「愚魯」。

釋迦牟尼表示：「生命只存在於此刻，請珍惜生命。」

所謂的「珍惜生命」，是指不沉溺在過去的回憶，不想像未來的自己，而是認清「自己的生命，只存在於此刻」，重視活著的「當下」。

45

承認「我在生氣」，正是克服「憤怒」情緒的第一步

某場研討會的女性講師找我諮詢。她正在有系統地學習「心」的知識，目前是很活躍的心理訓練師[17]。但是她感覺「講師身分的自己」與「回到家庭的自己」存在著落差。

她學習心理學，懂得用理論武裝自己，也是站在教學立場的講師。然而她卻煩惱著「自己的心一團亂，有時會變得很憤怒」。折磨她的原因有兩個，其中之一是，她只把人類的情感當成知識看待。

一休宗純是室町時代臨濟宗的和尚，他一生留下許多故事。江戶時代，民間流傳著描寫他生平傳奇的《一休咄》，之後成為眾所皆知的「機智的一休和尚」，其中，〈屏風裡的老虎〉這一則故事，時常出現在許多繪本和童話中。

故事內容講述室町幕府三代將軍足利義滿某次找來一休和尚，出難題考他說：

17 譯注：心理訓練師（metal trainer）不是諮商心理師，專注於教導客戶提高運動等表現的精神訓練與技巧。

「屏風上畫的老虎，每到晚上就會從屏風裡跑出來搗亂。一休，你可以用你的智慧抓住那隻老虎嗎？」一休和尚回答：「將軍，請您把老虎從屏風裡趕出來吧，我會想辦法抓住牠。」他展現的機智，令足利將軍折服。

透過心理學、人生教練、NLP[18]課程等，有系統地了解人心很重要，但是人心不也和屏風裡的老虎一樣嗎？換句話說，我們無法克服「沒有現身的東西」。她認為「只要學習心理學，就能夠保持內心平靜」，以為「學了心理學，就不會湧現憤怒的情緒」。

問題是「憤怒」的情緒沒有發生時，就無法克服「憤怒」的情緒。〈屏風裡的老虎〉講述的道理，正是「**自己心中存在的問題，只要在問題發生時，想辦法解決即可**」。

而我對這則傳奇故事的個人解釋，則是**在諷刺問題分明沒有發生，卻忙著擔心、忙著準備、忙著迷惘，就是人性的愚魯之處**。

這位女性之所以困擾的另一個原因，是無法承認「自己的心靈脆弱」。

在緬甸的寺院，有個修行是「將自己此刻的心情、感覺寫在掛於脖子的板子上」。觀察自己心靈的動向，看看是「心情好」、「開心」、「煩躁」等，接受之後告知旁人。客觀檢視自己的內心狀態，就能避免與周遭其他人起衝突。

來諮詢的女性認為「身為教導心理學的講師，就不應該感覺憤怒、悲傷或壓力」，並否定了「自己此刻的感受」，努力扮演著教導心理學、克服內心問題的講師，因此，她苦於「真實的自己」與「扮演的自己」之間，產生了落差。

不須否定自己「此刻」的情緒，坦然承認並接受「我雖學習心的知識，但現在我很生氣」無妨。

在自己心中念著「我憤怒」、「我生氣」，完整地去感覺自己的情緒，這樣一來，就能找回冷靜。**克服憤怒的第一步，就是「承認自己的情緒」**。

說到這個，禪寺中有「作務」這個自我鎮靜的有效方式。作務是指整理、整

18 Neuro-linguistic Programming 的縮寫，中文是「神經語言程式學」，透過提升溝通技巧並培養正向思維，進而實現個人生活目標。

頓、清掃。你或許會覺得這有什麼好提的，但貫徹作務，確實能夠徹底消除累積在身心的憤怒與不潔能量。

整理，是指丟掉不需要的東西。

整頓，是指把東西放回原本的位置。

清掃，是指保持新物品的光芒。

不只是隨意收拾打掃，執行作務時，必須把以上的念頭放在腦海中。

為什麼作務能夠平息憤怒呢？原因有二，一是**活動全身筋骨，可以發洩憤怒的能量，將能量排出體外，避免遷怒他人或物品**。第二個原因是，**帶著整理、整頓、清掃心靈的念頭徹底執行作務，能夠同時整理內心之中的焦躁，以及在腦中繞成一團、亂七八糟的念頭**。

因此，當無可抑制的憤怒襲來，在你覺得快要發飆時，別把那無處宣洩的能量隨意發洩在物品或他人身上，也不要壓抑，只要徹底執行作務，就能鎮靜與淨化身心。

習慣後，每次憤怒湧上來時，就趕快來收拾四周環境，享受精神舒爽、心情暢快的感受吧。

46

聽到別人批評中傷，
左耳進、右耳出即可。
不接受就不會生氣

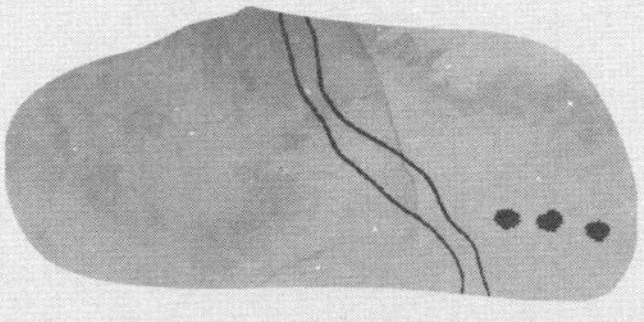

面對誹謗、批評、中傷時，我們難免會感到難受、不甘心。之所以產生這種感覺，是因為我們「接受了對方說的話，想要反駁」的緣故。

釋迦牟尼在「王舍城」（古印度摩揭陀國的國都）宣講佛法時，吠陀教（婆羅門教）的年輕僧侶曾經批評、中傷並加以誹謗。那位僧侶嫉妒釋迦牟尼處處受到眾人尊敬，於是心生一計：「只要惡意中傷，釋迦牟尼肯定會一怒之下破口大罵，這麼一來，那些尊敬他的人就會離開。」

如果是一般人，聽到別人口出惡言，必然會以牙還牙，或是因被對方的話語所傷而情緒低落。但是，釋迦牟尼既沒有憤慨表示「饒不了你」，也沒有受傷難過，只是平靜聽著而已。那位僧侶問：「你為什麼不生氣？」釋迦牟尼回答：「吠陀教的僧侶啊，假設有客人來到你家，你端出食物招待對方，客人卻沒有用餐，那些剩下來的食物歸誰所有呢？是你的。同樣的道理，我不接受你對我的誹謗。那些誹謗都是你的，你可以自己帶走。」

釋迦牟尼說：「如同在風中屹立不搖的岩石，賢者不會因批評或讚揚而動搖。」

釋迦牟尼的「不為所動」，是因為「不接受」那些不中肯的批評所傷，只要不接受，就不會感到焦慮。

（參見：《佛陀的真理箴言　有趣的箴言》中村元譯／岩波文庫）

在某間公司的新商品企劃簡報會議上，商品企劃部的A部長正在對「新商品」的想法和銷售計畫進行簡報，參與會議的是該公司的二十位董事。等到A部長報告完畢，平日看不慣A部長的業務部B部長立刻把握機會，列舉A部長的報告缺失，說：「A部長的點子每次都是換湯不換藥」、「銷售計畫太樂觀了，我們業務部會很辛苦」云云。B部長的意見長達二十分鐘，但當中多數都是主觀且毫無根據的誹謗中傷，明顯流露出對A部長的嫉妒。

A部長沒有反駁半句話，只是安靜傾聽。等到B部長批評完之後，A部長只說了一句：「謝謝您寶貴的意見。」他沒有理會B部長的誹謗。B部長原本的打算是「我批評A部長，一定會有人贊同」，豈料卻沒有任何董事站在B部長這邊。A部長提案的「新商品」，獲得除了B部長之外的十八名董事認可，之後不僅順利推出，還成為暢銷商品。

A部長能夠得到認可，當然是因為商品與企劃本身的吸引力。不過，他不接受B部長的批評，泰然處之的「態度」，也是企劃案能順利通過的助力之一。A部長不管B部長說什麼，態度都不為所動，或許反而因此得到了十八位董事的共鳴。B部長因為批評A部長而失去了支持，相反地，A部長只是左耳進、右耳出，就得到了許多支持者。

當別人說你壞話時，沒有必要以牙還牙。帶著怒火回應惡意，只是火上加油，並因為爭執而擴大雙方彼此厭惡的感受。**別想著不能放過對方，別放心上即可；不中肯的誹謗中傷，沒必要接受**。這就是「面對批評與誹謗也不動搖」的妙諦（精妙的真理）。

47

拯救自己的心、遠離絕望悲傷的方法

面對人生最深刻的悲傷與苦難時，有個方法能夠拯救自己，那就是「祈禱」。「祈禱」能夠治癒人心。

二〇一一年三月十一日發生的三一一大地震，帶來前所未有的災害。當時我也去現場當志工，協助挖開砂石土堆、清除瓦礫、搬運家具等。

當時，一位災民拜託我說：「元勝先生，你平常是和尚吧？既然這樣，能否為我們誦經呢？」

於是，我在充滿著無處宣洩的怒火與悲傷，以及無止盡絕望的避難所裡誦經。許多災民也跟著我一起合掌安靜祈禱。

誦經結束後，一位女士對我說：「我們原本以為自己能做的只有『哭』，但我現在知道除了哭以外，我們還能『祈禱』。雖然不清楚佛經的意思，但我覺得祈禱能夠讓心稍微恢復平靜。」

聽完她的話，我再次意識到待在失去重要的人、失意者身邊，和對方一起祈禱，是和尚的重要任務。

我在研究所專攻宗教學時，英國講師提姆．費茲杰拉德曾教導我「佛教儀式的功能」。

他說：「不管在日本或其他國家，有些人在長期相伴的對象早自己一步離開人世時，會產生巨大的失落感，因而陷入憂鬱狀態。調查結果指出，其他國家這種情況遠比日本更嚴重，原因是日本的葬禮有許多儀式。

在日本，葬禮要經過守夜、告別式、頭七、尾七等，還有很多忌日法會、年忌法會。葬禮相關的儀式多，就有更多機會與故人面對面，結果也使得人們更容易接受對方的死。打從心底承認死亡，是跨越悲傷的第一步，日本比西歐更早確立了『花時間接受死亡的儀式』，因此陷入憂鬱狀態的人數比較少。」

人心能夠透過「祈禱」的行為，逐漸復原。假如遇到難以承擔的悲傷或壓力時，請試著合起雙手祈禱：「願眾生不再痛苦。」

經歷過悲傷痛苦的人，能夠感受到與自己同樣痛苦者的感受。

釋迦牟尼告訴我們，要善良對待自己以外的「眾生」（所有具生命的）。祈禱

時，請務必祈求「眾生」的幸福。為「眾生」祈禱，才能夠減少自私，培養出體貼的心。

人最愛的往往是自己，總在自己沒有意識到的時候，認為「我很特別」。正因為我們總是以「我」這個最小衡量單位看事物，開口閉口就是「我怎樣、把我怎樣、對我怎樣、只有我怎樣……」諸如此類，所以才會痛苦煩惱。

人類無法獨自一人活著，也無法只靠家人生活，而必須活在包括陌生人在內的諸多人際關係中。不只是人類如此，山林、動物等存在於大自然的所有生物，也必須建立某種程度的連結與關係，才能活下去。若不知道或忘記了這點，以為「只要自己過得幸福就好，其他生命都只會礙事」，而排除那些生命的話，最後受害的會是自己。

因此，釋迦牟尼鼓勵大眾，在主張「我」之前，先養成祈求眾生幸福的慈悲及體貼心意。

《法句經》（真理箴言）這部記載釋迦牟尼教誨的佛經中，有段對生物施暴的警醒文字：

「一切眾生都害怕刑罰，都害怕死亡，都愛惜自己的生命。推己及人，人們不應殺害他人，或唆使他人殺害生命。」

儘管矛盾，但生命是藉由奪取其他生命維生，吃下有生命的得以生存、排除威脅自己的得以存活，這就是現實。因此，釋迦牟尼的說法是：「我們不可將此視為理所當然，別忘了即使是一隻小蟲，也很愛惜自己的生命，否則會演變成殺掉不是自己夥伴的人、妨礙自身利益的人也無妨的局面。」

地球上智力最高的生物就是人類。

只有人類會順從欲望與怒火，引發戰爭，奪走自己之外的大量生命。

與此同時，也只有人類會愛護人類以外的生命。

我們應該盡可能培養自己的智慧與心性，往祈求眾生幸福、而非奪取他者生命的方向成長。

Chapter 7
從煩惱、焦慮、壓力、悲傷中脫身

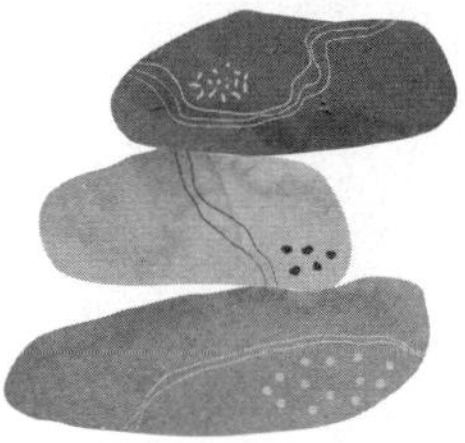

48

「煩惱」與「不安」的真面目？

佛教有句話叫「無明」，意思是「不通達、不理解真理的狀態」，換句話說，就是「無知」。

釋迦牟尼表示：「人生中的煩惱與不安，全都是始於無明。」**想要擺脫煩惱與不安，就要明白「真理」，掃除「無明」，就是釐清「煩惱與不安的根本原因」**。

煩惱的根本原因，在於不了解諸法無我的真理。「諸法無我」是指意識到「自己的存在並非絕對」。眾人皆以自我為中心去解讀事物，認為「我的想法絕對正確」、「我現在所想的就是正確的」，堅持自我，因此當自己的想法行不通時，就會產生煩惱。

因堅持自我而產生的煩惱，可分為「有意義的煩惱」和「無意義的煩惱」兩種。「有意義的煩惱」是指能夠藉著精進（努力）跨越的煩惱。「無意義的煩惱」則是指憑自己的能力無法應付、無法處理的煩惱。

以一個月之後要考大學的高中生為例。假設這位高中生的偏差值是30，他的第一志願是東京大學[19]，那麼，擔心「如果考不上該怎麼辦」就屬於「無意義的煩惱」，原因在於考上的機率顯然很低。

相反地，這位高中生的煩惱如果是「我現在的偏差值只有30，怎麼做才能夠讓偏差值在半年後變成50呢？」這就是「有意義的煩惱」。因為他只要努力讀書不懈怠，就有實現的可能。

是人就一定有煩惱。煩惱一旦產生，最重要的是冷靜分析那是「有意義的煩惱」還是「無意義的煩惱」。

倘若是「有意義的煩惱」，就努力跨越。如果是「無意義的煩惱」就放下，別執著。

釋迦牟尼說：「煩惱自己無能為力的事情，就是無明。」

這世上的一切，都不會按照你的想法發生，也不是以你為中心在轉動。一旦你所處的環境改變，想法也會跟著改變，因此，所謂永恆不變的自我並不存在，「你的存在並不是絕對」。

「不安的根本原因」，是忘記了「諸行無常」的原則。

所謂的諸行無常，是佛教的基本概念，意思是「世間萬物不停在改變，永恆並不存在。世界從未靜止，不停反覆誕生，接著消失」。

生命原本就不安定，這是大自然的法則。但與活在大自然裡的其他動物不同，人類利用高度演化的大腦，在無意間察覺自己的生命有限。「正因為不安定，所以渴望安定」，這就是不安的真相。

世界經常在改變，沒有人知道會出現什麼樣的變化、未來會發生什麼狀況，我們卻自作主張地想像「無法預測的未來」，因此釋迦牟尼說：「煩惱無人知曉的未來是無明。」

那麼，對於看不見的未來感到不安時，應該如何自處呢？

釋迦牟尼告訴我們的答案是「改變自己」，要從隨波逐流，變成「朝向目標，

19 偏差值是日本衡量升學學生的分數排位，東大的偏差值需要七十以上。

有自覺地活出自己」。設立目標，好好研究並找到達成目標所需的具體知識和方法，主動進化成不斷成長的自己。

舉例來說，假設你在急流裡泛舟。此時你或許會感到不安：「就這樣隨著水流繼續前進，會發生什麼事？」「會不會翻船被急流吞沒？」「假如前面有瀑布，我會不會掉下去？」

如果害怕隨波逐流，釋迦牟尼的教導就是：「那就拿起船槳，自己划船。」就算你祈求「希望不會翻船」、「希望不會掉進瀑布」，情況也不會有所改變，既然這樣，唯有改變自己一途。

在人生這條河中，不讓自己隨波逐流，試著划槳渡河。這麼一來，就有機會可以抵達對岸。

有煩惱和不安本身並不愚魯；無法看清煩惱與不安的真面目，就這樣「什麼也不做」，才是愚魯。

如果要用一句話概括釋迦牟尼的想法，那就是「不懈怠」，亦即「自己的人生自己掌控，努力精進不懈怠」。人生是為了成長而努力。

當受到煩惱與不安折磨時，更要不懈怠地持續精進，最後，你也一定能跨越煩惱與不安，得到自信與成長。

49

緩和焦慮，有更簡單的方法

福嚴寺一年四季有各式各樣的儀式和祭典，當中有場活動，每年都有數千名參拜者參加，那就是十二月舉行的「福嚴寺秋葉大祭」。

這場傳統火祭從室町時代持續至今，已有五百四十年歷史，透過舉行「祈禱」和「過火」兩個儀式，讚揚防火之神「秋葉三尺坊大權現」留下的德澤，同時「鎮壓三毒」。

秋葉三尺坊大權現留下的德澤，是指撲滅「兩種火」的力量。

第一種力量是抑制「物理火」，也就是撲滅現實世界中發生的火災；第二種則是對抗「心火」，也就是澆熄人稱「三毒」的愚癡、欲望、憤怒、嫉妒、焦慮等，存在於人類精神世界的大火。

自二〇一五年接任福嚴寺住持以來，我都會盡力在這場重要祭典上弘揚佛法。原因在於，這場祭典會帶給「心」裡很苦的人「邁出全新一步的覺悟與勇氣」。

在祭祀秋葉三尺坊大權現的正殿「祈禱」，可以反省自身的愚癡；走過燒灼身軀般的「過火儀式」，則能讓參拜者親身感受貪瞋（貪婪與憤怒）的可怕。

人類的情感不會突如其來地瞬間爆發，往往是多個火種燜燒、一點一滴累積之下，逐漸增強火力。若要平息焦慮和憤怒，就必須在「心火」的火勢擴大之前撲滅火苗。

人之所以會抱著焦慮的火種，是因為「對自己的執著」太強，簡單來說，就是「過度重視自己」（太喜歡自己）的緣故。重要的東西遭破壞時，人心就會萌發焦慮。

舉例來說，孩子打破你在百元商店買的餐具，你應該不會生氣；但打破一個一萬日圓的盤子，你可能就會想破口大罵。這是因為一萬日圓的盤子比一百日圓的盤子「重要」。

同理，「過度喜歡自己」的人，認為自己很重要，所以極度恐懼「被他人否定」。當情況沒有按照心中所想的樣子發生，就會焦躁憤怒，暴露出防衛本能，進而攻擊他人，試圖保護最重要的自己。

那麼，怎麼做才能夠消滅焦慮的火苗呢？佛教告訴我們，撲滅火苗的方法就是「冥想」。

這裡的冥想，倒不是坐禪或靜心向佛祈禱。**冥想不是藉著把心「放空」來抑制**

焦慮，而是**「承認自己正在焦慮，並用全身去感覺」**。從客觀的角度察覺「我現在很焦慮」、「這種焦躁感是憤怒的情緒」，這就是冥想。

多數人在焦慮時往往「假裝沒在焦慮」，一旦其他人指責：「那種事情有什麼好焦慮的？」你就會想出口反駁：「我才沒有！」這種反應就是你不願意承認「自己正在焦慮」所做出的反抗。

愈是試圖壓抑憤怒與焦慮的情緒，反彈就會愈大。當你發現自己正在焦慮，坦然承認「我現在開始焦慮了」，你的心反而能因此而恢復平靜。

唐代北宗禪（中國禪宗其中一派）的神秀禪師，曾留下這段偈文：「身是菩提樹，心如明鏡台，時時勤拂拭，勿使惹塵埃。」

意思是「身體彷彿一棵有覺悟的樹，而人心好比一面能反映出真實、清明光亮的鏡台。因此，要時時刻刻勤加拂拭，別讓身與心沾染上煩惱、妄想、雜念等世俗的塵埃。」平息這些世俗塵埃最簡單的方法，就是「承認並看清自己此刻的真實心情」。

問題是，一旦你曾經憤怒揮拳，要平息怒火就沒有那麼容易。因此，平日就必須客觀審視自己「現在是什麼情緒」、「為什麼會產生那種情緒」。**平常就要記得「冥想」，而不是等到焦慮達到頂點，才面對自己的情緒；別等「鏡子」髒了才想到要擦，每天擦拭才能保持心鏡的光亮。**心中冒出的火苗，在燒成大火之前就要撲滅。利用冥想，擦去心中微小的污垢和煩躁，這麼一來就能擺脫焦慮。

學生時代，有位學長教我寫「凝視情緒筆記本」。方法是準備一本筆記本，每天睡前回顧這一天，在筆記本的左邊頁面寫下當天感受到的負面情緒，右邊頁面寫下正面的情緒。

有趣的是，剛開始左頁總是寫得滿滿的，右頁幾乎空白，但是持續寫一陣子之後，左頁愈寫愈少，右頁的內容卻逐漸增加了。

整天焦慮的人、常與人發生衝突的人、老是在工作等方面出錯的人，都可以試試這個方法。

等到第一本筆記本寫完時，多數人都已經能夠學會面對自己的情緒，減少焦慮的發生了。

50

實踐「四聖諦、八正道」，就能得到心靈平靜，不再受苦

佛教始祖釋迦牟尼據說是在菩提伽耶的菩提樹下，領悟「四聖諦、八正道」的真理，悟道並滅了苦果。

◉四聖諦（四諦）……佛教主張的四種基本眞理。痛苦不是「他人」帶來的，全都是在「自己心中」產生。

①苦諦：明白人生本就充滿痛苦，無法如己所願。

②集諦：明白帶來痛苦的原因，是心中有所髒污，並觀察自己的心。

③滅諦：明白滅苦果就能得到心的平安。

④道諦：明白有方法能夠滅苦果。

◉八正道……人生是一連串的痛苦，痛苦是因爲執著而起。釋迦牟尼認爲斬斷執著就能夠悟道，並提出達成開悟的八個「正確實踐方法」。

①正見：看出存在的真面目。存在就是「變化」，意思是承認瞬息萬變的存在（無常）。

②正思惟：正確的思考，也就是思考時要避免貪瞋癡（貪是貪慾，瞋是憤怒，痴是迷惘）。
③正語：使用能帶給對方幸福的話語。
④正業：行為不帶來麻煩、不妨礙他人。
⑤正命：對他人有所貢獻。
⑥正精進：正當、正確的努力。
(1)努力改進自己目前的惡行
(2)努力不做現在還沒有做的惡行
(3)努力保持自己的優點、現在做的善行
(4)努力積極實踐現在還沒做的善行
⑦正念：正確地觀察自己。
⑧正定：正確的禪定，也就是在安靜的環境坐禪。

如果用一句話說明「佛教」，就是「放下痛苦的法則」。佛教的目的是「認識

痛苦的根本，進而減少痛苦」。

一旦實踐「四聖諦、八正道」，就能夠放下「痛苦」，得到心靈平靜。透過「智慧」的傳承與學習，你能夠看見過去看不見的事物，也會發現自己自以為是以及最真實的一面。

在寺院長大、學習、工作的我，曾接觸超過一萬戶家庭。這樣的經驗，讓我實際感受到「人真的有千千萬萬種活法，也有千千萬萬種死法」。人類的死，突顯了這個人的生。死後這個人在生前有過哪些問題，也都會一口氣暴露出來。

為了辦法會，我常需要在喪家四處走動，這種時候我注意到——用心維護佛壇、實踐佛教教誨的家庭繁榮興旺，以「依照習俗要辦法會，不得已只好辦了。如果可以，才不想聽這些麻煩的說教」這種態度參加法會的家庭，會逐漸式微。

雖然不是所有家運興旺的家族都熟悉「四聖諦、八正道」的道理，但在法會時，多半會欣然接受並傾聽，另外也積極在日常生活中實踐部分內容。抱持這種態度的人，即便在人生中歷經大風大浪，也能修正自己的軌道，擁有內心的平安與幸福。

後記

「痛苦」是為了提醒你，注意自己在不知不覺中累積的「生活方式」

感謝各位閱讀到最後。不知感想如何呢？是否順利在書中找到放下自身痛苦的提示？痛苦會傷害身心，導致你失去力氣，也剝奪寶貴的時間。這種情況乍看之下很不幸，但如果換個角度來看，「痛苦」也可說是潛意識發出的警訊。

舉例來說，罹患各種疾病，是身體對於在不知不覺中累積的不良生活習慣，所發出的警訊。同樣的道理，**你的「痛苦」，也是你對於自己在不知不覺中累積的「生活方式」所發出的警訊。**

「活著」是以話語和行動，表現出心中的想法。這些出自身體、嘴巴、心靈的行為，佛教稱作身口意「三業」。**身口意（心靈、話語、行動）的方向一致，我們的身心才能夠活得舒適，沒有矛盾**。但是，當你的身口意有所偏移時，就會以不快或違和感呈現。這就是「痛苦」。

重點是，痛苦無法用一時的歡愉掩蓋或逃避，人必須面對痛苦，從痛苦中學習。那麼，從痛苦中學習是什麼意思呢？這代表你必須了解，痛苦是你過去累積的身口意三業的結果。

容易產生「痛苦」的生活方式，遠離「痛苦」而活的生活方式

前面提到，活著就是用嘴說出、用行動表現想法。

因此，每天「想什麼、說什麼、做什麼」，日積月累下來，會帶來「痛苦」的結果，也會帶來「幸福」的結果。

有些生活習慣會使你容易生病，有些則否。同樣地，有些生活方式，容易製造「痛苦」，有些則會讓你遠離「痛苦」。閱讀本書的你，請務必留意到這點，並

邁出新的一步。

所謂新的一步，**就是生活方式的轉換。就像有人會因為「生病」而開始過起健康的生活，「痛苦」也可以成為改變生活方式的契機**。而放下痛苦，走向幸福的生活方式，就是佛教想傳達的道理。

以下是一封來自我的弟子的信。他曾經跌落痛苦深淵，在遇上我之後，踏出了嶄新的一步。他原本在網路相關的新創企業擔任業務，但年紀輕輕就罹患癌症，人生陷入瓶頸。這封信件如下。

大愚和尚：

我在上班族時代，沒有生活的方向。

因為沒有生活方向，所以我以為人生的價值就在於滿足存錢、出人頭地、擁有名牌、性慾、食欲、睡飽、眾人認同等的各種欲望。我認為只要花錢就能買到相對應的快樂與物質，所以拚命賺錢，一心只為了滿足欲望而活，一旦無法得到滿足，就會渴望更多，造成惡性循環。

我先是在名古屋工作，後來跳槽到大阪，獨居三年。我從來不煮飯，三餐全都外食，而且每天都喝酒、聚餐、上按摩店，以業務身分跑遍日本各地，生活相當刺激。我每天替上司買早餐，一邊承受他的拳頭一邊學習業務技巧。多虧有這位上司的栽培，我才能夠在業務工作上闖出一片天。雖然我不想再見到他，但是他願意花心力教導當年對工作沒有半點概念的我這點，我對他終生感謝。

我的生活型態是賺多少就花多少，但不管我花多少錢，都無法獲得滿足。我花更多的錢，想填補無法得到滿足的內心，但每次用錢，我心中的洞就愈來愈大，感覺也愈來愈空虛。當時的生活缺乏目標，毫無秩序，只是貪婪地活著。

三十歲時，我罹患了癌症。我在癌症中心親眼目睹死亡是怎麼一回事，看到接受死亡的老婆婆安穩的表情，以及來探病的家人溫柔的眼神。

在癌症中心，「死」是祥和溫暖的世界。我好幾次目睹了擁有愛自己的家人那種安心幸福的感覺。在癌症中心的我，後悔過去貪婪的人生。我反省自己過去看不起家人的行徑，明白對家人的愛是最有價值的。我接納死亡，下定決心要把剩餘的生命，用來珍惜無條件愛我的父母和兄妹。

後來過了半年，我在朋友介紹下與一位女士相親。第一次見面，我就告知對方癌症的事。我原本以為對方理所當然會拒絕與我交往，沒想到她說：「每個人都有可能罹患癌症，這沒有問題。」我感到難以置信。得知世界上有這種人存在，我簡直深受打擊。我希望自己至少在她面前要誠實以待。就這樣，我與她結婚了。

妻子的原生家庭篤信佛教，她是一位誠實、充滿智慧、十分為人著想的女性。當時，妻子仍然是福嚴寺的職員。每次聽到妻子講起福嚴寺的話題，想要出家的念頭就愈滾愈大，最後，我敲開了寺院的大門。

才踏入福嚴寺的境內，就能夠感覺到這座佛寺是「聖域」。我那顆平常無法冷靜、總有些不安的心，在走進寺院山門後，頓時變得安祥，只聽見鳥語啁啾與樹葉沙沙作響，好像只要呼吸就有療效，心靈得到淨化。

與大愚和尚的邂逅，是一連串的衝擊。您難以形容的魅力與溫暖吸引了我，與我過去認識的人完全不同，彷彿來自異次元，不在意一般世人渴望的物品，反而從人們敬而遠之的東西中看出價值。

不僅如此，您願意接近所有人的心，點亮眾人心中溫暖的火光。我成為佛弟子最大的成果，就是理解了「不可讓自己的心染上髒污」的意思。

在此之前的我，會故意傷害自己，過著將毒藥灌入心中的生活，但成為佛弟子、得到人生的指引後，我日日都親身感受到心保持安穩、清澈的重要。在我當上班族時，嘴巴很壞，經常粉飾太平或成天說謊，從未注意到內心的污濁。您把我罵了一頓，我這才知道說人壞話，不僅會弄髒自己的心，也會傷害自己的心。

在進行寺院內稱為「作務」的清掃工作時，您稱拔草是「跟吃冰淇淋一樣無比奢侈的時光」。在此之前，我原本認為打掃很麻煩，打算有錢就要僱用打掃阿姨，或是在科技發達的未來交給機器人做。現在，我已經能夠實際感受到「作務」是有助於打掃個人心靈的美好時光。

我學到佛教所稱的富有，不是擁有錢財、名牌、地位，也不是擁有歡愉，而是領會到他人的恩典。在我與造訪福嚴寺的眾多有心之人往來的過程中，我了解到自己的心所[20]與他人的心所完全不同。也學到了面對他人時，要以慈悲與智慧，而不是一時的情緒相碰撞。

在福嚴寺的生活，也打從根本改變了我的生死觀。成為福嚴寺的和尚之後，我藉由枕經（人死後未入殮前，在其枕旁通霄誦經）、守夜、葬禮、法會等，面對許多人的死亡。親眼目睹死亡，才能理解到生命的夢幻與時間的寶貴。我感覺自己過去的人生，就只是像在時間滾輪上奔馳，但成為和尚後，我的想法改變了，開始覺得時間不過是自己的腦袋自作主張的妄想。

大愚和尚您曾說過，人的一生宛如泡泡。如果這是一場泡泡般的人生，就連這一秒也十分珍貴，直到泡泡破滅的那天之前，我想要好好珍惜家人及眼前的人。

有時回顧過去的人生，我會覺得自己怎麼能錯得那麼離譜。而到現在這個階段，我的人生有了一百八十度的轉變。和尚的修行之路接下來才是重頭戲，但我今後的目標，是好好面對自己不夠成熟又雜亂的心，或多或少都要堂堂正正活下去。

今後也請您多多嚴格指導，由衷感謝您的教誨。

這封信是他成為佛弟子的一年之後寫給我的。他絕不是機靈的人，但藉由坦率耿直的努力，現在已經有能力幫忙那些心中有苦的人，放下痛苦，目前癌症也沒有再度復發。

他之所以能夠踏出新的一步，不是我的功勞，而是釋迦牟尼的教誨，以及寺院空間擁有的龐大力量所影響。更重要的是，因為罹患癌症這種痛苦，使得他有機會反省自己，進而重新選擇自己的生存方式。

20 譯注：「心所」是佛教用語，意思是心識運作時，會與心識同時發生的各種名法，皆可稱為「心所」，功用是支持心的運作。

我不認爲人們逐漸遠離「佛教」

我擔任住持的福嚴寺，是位在愛知縣小牧市的一處鄉下寺院，座落的地點絕對稱不上交通方便，也不是擁有國寶或著名的伽藍（佛寺建築），但是幾乎每天都有自日本或世界各地的民眾前來參拜，在YouTube上「一問一答」的觀眾，也會寄信來諮詢或道謝。

就在我正在寫這篇後記時，也有一位原本打算自殺的男性經營者，帶著禮盒前來道謝，說：「在YouTube上看了『一問一答』後保住了性命。」

現在的佛教界，因少子高齡化、人口減少的影響、民眾價值觀的改變等原因，出現信眾與贊助者急速減少的情況。據說全日本有超過七萬間的佛教寺院，在二十年後將會減少三分之一。

但是，我絲毫不認為信眾有遠離佛教的趨勢，甚至正好相反，當人們對於過去的生活方式或價值觀感到質疑時，反而會向佛教尋求提示。

佛教的教義是讓世人過上更好的生活，獲得安穩的人生

令和元年（二〇一九年），我的寺院退出原本隸屬的傳統佛教教團，創立名為佛心宗的宗派。除了將佛寺的宗旨與經營架構調整到符合現代，我也想要回歸佛教的原點（佛心）。因此，佛心宗的宗旨很簡單，就是培養：

一、慈悲心

二、智慧

三、佛性（感性）

融入社會，成為對社會有貢獻的人。

佛教就是釋迦牟尼主張的「放下痛苦的方法」。而放下痛苦、迎向幸福的生活方式，就是「佛教」。

佛寺不只是舉行葬禮儀式的場所，也不只是和尚進行個人修行或儀式的場所，**佛寺的存在是為了將釋迦牟尼的智慧與慈悲心告訴世人，並讓大家得以安心。**

佛教不教人崇拜佛像，也沒有教人遠離世間、脫離現實，我們的教義，是為了**讓世人過上更好的生活，獲得安穩的人生。**

福嚴寺的經營架構不再依賴過往的在地贊助者支撐經濟，而改成了會員制，接受來自世界各地的人加入會員，不受居住國或地區的限制。這麼一來，寺院不再需要把財務重擔壓在少數有限的贊助者身上。我們將朝向下列三個誓願邁進：

1. 舉辦公開的佛教講座：在網路上開辦跨越宗教、宗派的講座，使人人都能學習可應用在現實生活中的佛教。
2. 培養佛心僧及舉行佛寺住宿體驗：培養內門弟子，將智慧、慈悲心，以及佛性（個人與生俱來的感性）發揮到極限，貢獻社會。也舉辦佛寺住宿體驗，邀請世界各地的人，短期住宿在佛寺裡學習、交流。
3. 寺院城的構想：與擔心寺院消失的日本傳統佛教界聯手，以佛教為根本理念，打造具備和平、體諒、多樣性的小型寺院城。這絕對不是紙上談兵，在研究佛教與日本傳統企業優點後，我製作「經營曼陀羅」，並提供給企業員工學習，打造精神與經濟上都豐富的獨特寺院城。值得慶幸的是，贊同這項寺院城計畫且願意共襄盛舉的企業正在持續增加中。

「獲得自由」，是指培養出可靠的自己

容我再重申一次，若問我們感受到的一切痛苦是什麼，那些不是外來的，而是我們在無意間自己創造出來、自己緊緊抓住的東西。

假如你注意到「痛苦」的原因和真相，再來要做的就只剩「放下」。

放下痛苦，就能夠獲得自由。「獲得自由」是指培養出值得依賴的自己，也就是可靠的自己。這是釋迦牟尼死前留給弟子的「自燈明[21]」寓言。

請鼓起勇氣，踏出一步，並成為你自己的明燈。

大愚元勝

21 譯注：全文是「自燈明，法燈明」，意思是應當依止佛法，以你自己做明燈，而不是向外找尋。

參考文獻

● 《佛陀所說的人際關係之智慧─以〔六法禮經〕為線索》（ブッダが語る人間関係の知慧─『六法礼経』を手がかりに，田上太秀／東京書籍）

● 《白話文譯 正法眼藏（3）》（現代文訳　正法眼蔵〈3〉，石井恭二訳／河出文庫）

● 《白話文譯 正法眼藏（5）》（現代文訳　正法眼蔵〈5〉，（石井恭二訳／河出文庫）

● 《無拘無束》（とらわれない，釈徹宗／PHP研究所）

● 《佛教的話語》（仏教のことば，奈良康明／放送ライブラリー23）

● 《佛教的話語 通往開悟的十二講》（仏典のことば　さとりへの十二講，田上太秀／講談社学術文庫）

● 《佛陀的話 小部》（ブッダのことば　スッタニパータ，中村元訳／岩波文庫）

● 《佛陀的真理箴言　有趣的箴言》（ブッダの真理のことば　感興のことば，中村元譯／岩波文庫）

● 《痛苦的看法─理解生命的法則，超越痛苦》（苦の見方─「生命の法則」を理解し「苦しみ」を乗り越える，蘇曼那沙拉／サンガ新書）

● 《善財童子之旅》（善財童子の旅─〔現代語訳〕華厳経「入法界品」，大角修／春秋社）

● 《日語版 華嚴經》（和訳　華厳経，鎌田茂雄／東京美術）

● 《日語版 維摩經 勝鬘經》（維摩経　勝鬘経〔現代語訳大乗仏典〕，中村元／東京書籍）

●《華嚴經 楞伽經〔白話文譯大乘佛典〕》（華厳経 楞伽経〔現代語訳大乗仏典〕，中村元／東京書籍）
●《華嚴的思想》（華厳の思想，鎌田茂雄著／講談社学術文庫）
●《佛教盛典》（仏教聖典，仏教伝道協会）
●《大乘佛典》（大乗仏典，責任編集　長尾雅人／中央公論社）
●《禪語百選》（禅語百選，松原泰道／祥伝社新書）
●《苦─生命的本質》（苦─生命の本質─サンガジャパンVol・29，蘇曼那沙拉・藤田一照等／サンガ）
●《釋迦牟尼的腦科學─尖端腦科學家如何解讀佛陀的教義？》（お釈迦さまの脳科学─釈迦の教えを最先端脳科学者はどう解くか？，苫米地英人／小学館101新書）
●《中村元談佛教的真髓》（中村元「仏教の真髄」を語る，中村元／麗澤大学出版会）
●《密教經典》（密教経典，宮坂宥勝／講談社学術文庫）
●《碧巖錄（上）》（碧巌録〈上〉，入矢義高・末木文美士・溝口雄三・伊藤文生　譯注／岩波文庫）
●《碧巖錄（中）》（碧巌録〈中〉，入矢義高・末木文美士・溝口雄三・伊藤文生　譯注／岩波文庫）
●《碧巖錄（下）》（碧巌録〈下〉，入矢義高・末木文美士・溝口雄三・伊藤文生　譯注／岩波文庫）
●《淨土三部經（上）〔無量壽經〕》（浄土三部経（上）〈無量寿経〉，中村元・早島鏡正・紀野一義　譯注／岩波文庫）
●《淨土三部經（下）〔觀無量壽經、阿彌陀經〕》（浄土三部経（下）〈観無量寿経・阿弥陀経〉，中村元・早島鏡正・紀野一義　譯注／岩波文庫）

- 《日本的禪語錄（第20卷）》（日本の禅語録〈第20巻〉良寛，入谷義高／講談社）
- 《認識惠信尼》（恵信尼消息に学ぶ，今井雅晴／東本願寺出版部）
- 《阿彌陀經的話語》（阿弥陀経のことばたち，辻本敬順／本願寺出版社）
- 《談佛經》（お経の話，渡辺照宏／岩波新書）
- 《佛經漢譯 從契經到佛經》（仏典はどう漢訳されたのか　スートラが経典になるとき，船山徹／岩波書店）
- 《超越大乘非佛說》（大乗非仏説をこえて，大竹晋／国書刊行会）
- 《佛教講清楚》（ごまかさない仏教，佐々木閑・宮崎哲弥／新潮選書）
- 《佛教就是這樣開始的》（仏教かく始まりき，宮本啓一／春秋社）
- 《佛教入門》（仏教入門，高崎直道／東京大学出版会）
- 《請教宗祖　徹底瞭解日本佛教十三宗教義的不同》（宗祖に訊く　日本仏教十三宗　教えの違い総わかり，大竹晋／国書刊行会）
- 《心的最終講義》（こころの最終講義，河合隼雄／新潮文庫）
- 《動機與人格：馬斯洛的心理學講堂》，亞伯拉罕・馬斯洛，商周出版（人間性の心理学，小口忠彦譯／産能大出版部）
- 《原來有錢人都這麼做》，湯瑪斯・史丹利、威廉・丹柯，久石文化（となりの億万長者―成功を生む7つの法則，斎藤聖美譯／早川書房）
- 《我的庶民養錢術》，本多静六，大牌出版（私の財産告白／実業之日本社）

- 《馬斯洛人性管理經典》，亞伯拉罕・馬斯洛，商周出版（完全なる経営，金井壽宏監譯　大川修二譯／日本経済新聞社）
- 《日本最了不起的公司》（日本でいちばん大切にしたい会社，坂本光司／あさ出版）
- 《百年企業，哪裡不一樣？》（百年以上続いている会社はどこが違うのか？田中真澄／致知出版社）
- 《運動改造大腦》，約翰・瑞提，野人（脳を鍛えるには運動しかない！野中香方子譯／ＮＨＫ出版）
- 《和尚教你長壽的練習》（お坊さんに学ぶ長生きの練習，藤原東演／フォレスト出版）
- 《從叢林到文明，人類身體的演化和疾病的產生》，丹尼爾・李伯曼，商周出版（人体６００万年史　科学が明かす進化・健康・疾病〈上下〉，塩原通緒譯／早川書房）
- 《父母造就天才》（天才は親が作る，吉井妙子／文春文庫）
- 《新族譜科學》（新・家系の科学，与那嶺正勝／コスモトゥーワン）
- 《海濱飯店》（なぎさホテル，伊集院静／小学館文庫）
- 《為何我們總是如此不安?》，加藤諦三，方舟文化（自分に気づく心理学／ＰＨＰ研究所　愛蔵版）
- 《超譯吉田松陰・訓練覺悟力》（覚悟の磨き方　超訳　吉田松陰，池田貴将／サンクチュアリ出版）

你可以活得不辛苦

作　者　大愚元勝
譯　者　黃薇嬪
責任編輯　許芳菁 Carolyn Hsu
責任行銷　鄧雅云 Elsa Deng
封面裝幀　蕭旭芳
版面構成　黃靖芳 Jing Huang
校　對　葉怡慧 Carol Yeh

發 行 人　林隆奮 Frank Lin
社　長　蘇國林 Green Su

總　編　輯　葉怡慧 Carol Yeh
日文主編　許世璇 Kylie Hsu
行銷主任　朱韻淑 Vina Ju
業務處長　吳宗庭 Tim Wu
業務主任　蘇倍生 Benson Su
業務專員　鍾依娟 Irina Chung
業務秘書　陳曉琪 Angel Chen
　　　　　莊皓雯 Gia Chuang

發行公司　悅知文化　精誠資訊股份有限公司
地　址　105台北市松山區復興北路99號12樓
專　線　(02) 2719-8811
傳　真　(02) 2719-7980
網　址　http://www.delightpress.com.tw
客服信箱　cs@delightpress.com.tw
I S B N　978-626-7406-24-3
建議售價　新台幣380元
首版一刷　2024年1月

國家圖書館出版品預行編目資料

你可以活得不辛苦/大愚元勝著；黃薇嬪譯．
-- 初版．-- 臺北市：悅知文化精誠資訊股份有限公司, 2024.01
面；　公分
ISBN 978-626-7406-24-3 (平裝)
1.CST: 人生哲學
191.9　　112021892

建議分類｜宗教命理：心理勵志

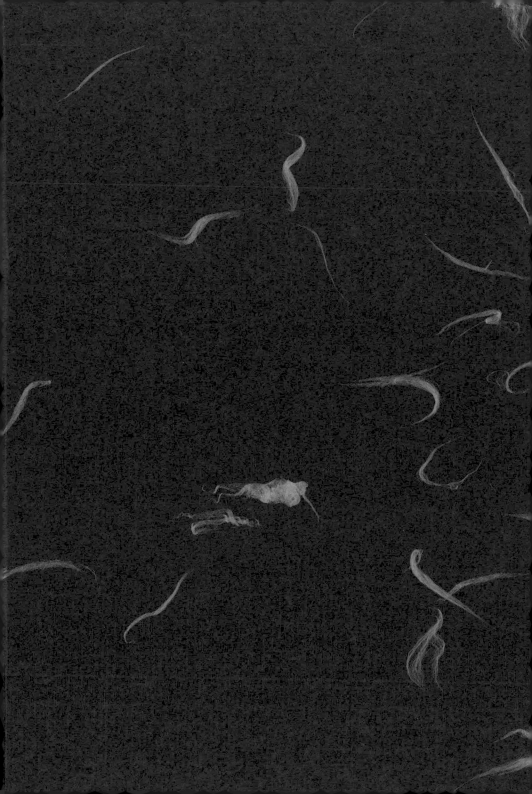